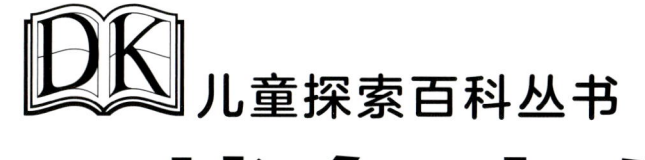

战争中的城堡

——围攻城堡的故事

安置攻城器械

城垛

将食物储存在城堡主楼中

地牢中的囚犯

松开投石器的长臂

猎弩

DK 儿童探索百科丛书

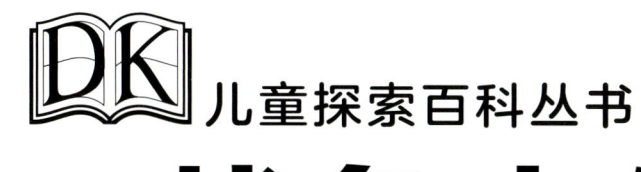

战争中的城堡

——围攻城堡的故事

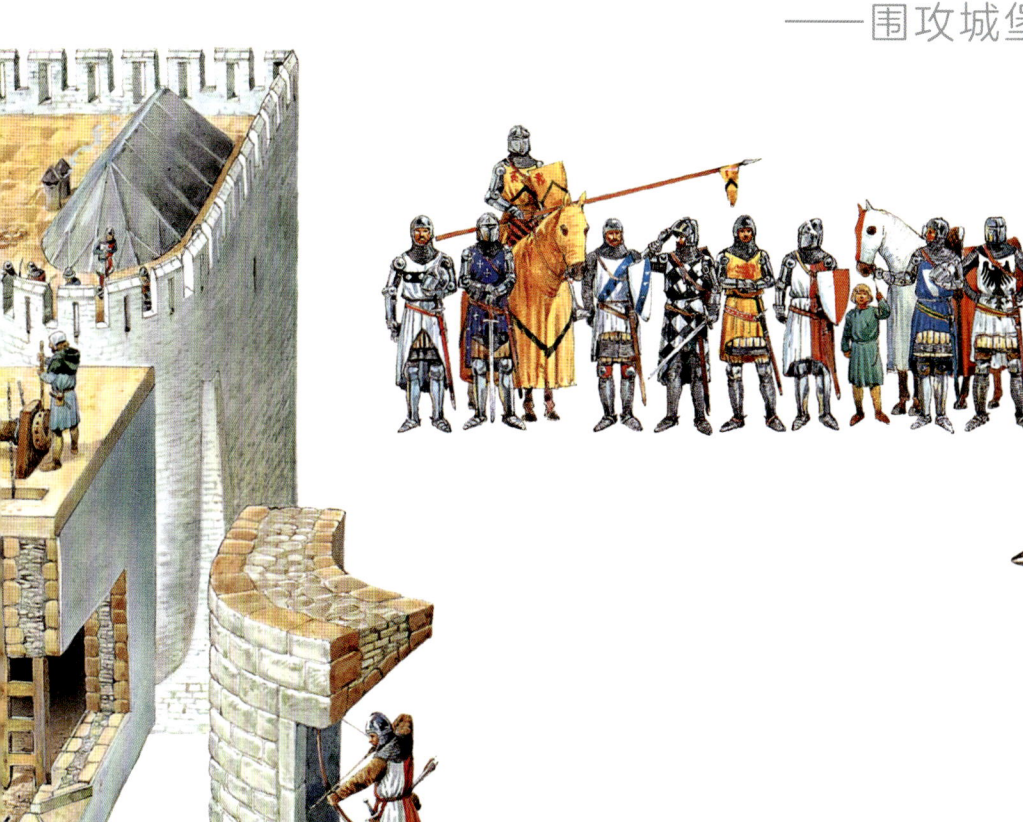

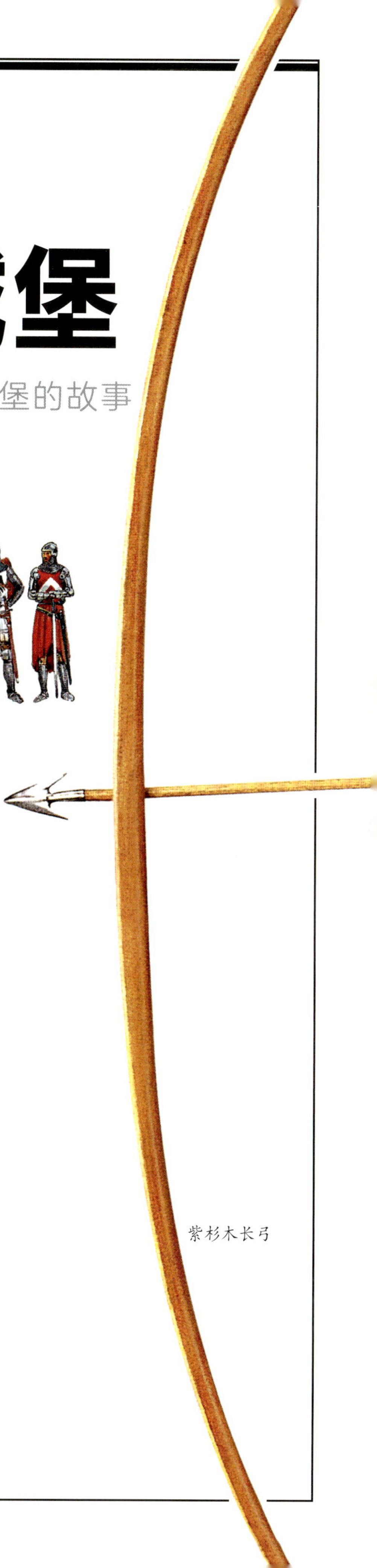

[英]安德鲁·兰利 著
[英]彼得·丹尼斯 绘
杨 静 译

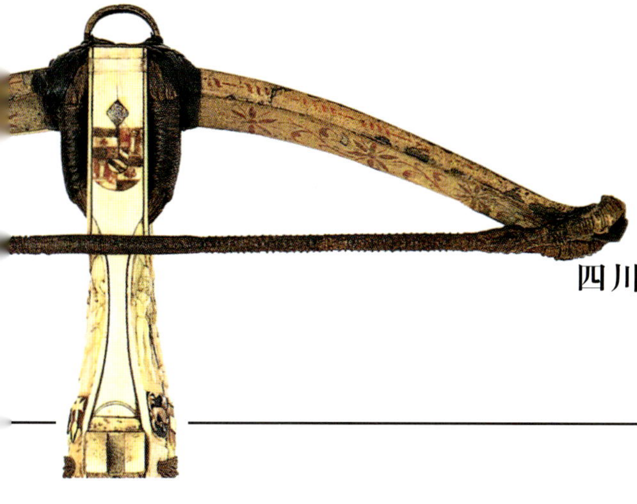

紫杉木长弓

四川科学技术出版社

图书在版编目（CIP）数据

战争中的城堡：围攻城堡的故事 /（英）安德鲁·兰利著；（英）彼得·丹尼斯绘；杨静译. — 成都：四川科学技术出版社，2017.11（2018.7重印）

（DK 儿童探索百科丛书）

ISBN 978-7-5364-8852-6

Ⅰ.①战… Ⅱ.①安… ②彼… ③杨… Ⅲ.①城堡-世界-中世纪-儿童读物 Ⅳ.① K916-49

中国版本图书馆 CIP 数据核字 (2017) 第 276830 号

著作权合同登记图进字 21-2017-652 号

战争中的城堡——围攻城堡的故事
ZHANZHENG ZHONG DE CHENGBAO
——WEIGONG CHENGBAO DE GUSHI

出 品 人	钱丹凝
著 者	［英］安德鲁·兰利
绘 者	［英］彼得·丹尼斯
译 者	杨 静
责任编辑	张 琪
特约编辑	王冠中 米 琳 李香丽 房艳春
装帧设计	刘宝朋 张永俊 刘 朋
责任出版	欧晓春
出版发行	四川科学技术出版社
	成都市槐树街2号 邮政编码：610031
	官方微博：http://weibo.com/sckjcbs
	官方微信公众号：sckjcbs
	传真：028-87734037
成品尺寸	216mm×276mm
印 张	3
字 数	48 千
印 刷	北京华联印刷有限公司
版次/印次	2018 年 1 月第 1 版 / 2018 年 7 月第 2 次印刷
定 价	45.00 元

ISBN 978-7-5364-8852-6

本社发行部邮购组地址：四川省成都市槐树街2号
电话：028-87734035 邮政编码：610031

版权所有 翻印必究

A WORLD OF IDEAS:
SEE ALL THERE IS TO KNOW
www.dk.com

Original Title: DK Discoveries: Castle at War
Copyright © 1998 Dorling Kindersley Limited
A Penguin Random House Company

致 谢

The publisher would like to thank: Robert Graham and Angela Koo for research, Chris Bernstein for the index, Mary Atkinson for editorial assistance, Venice Shone and Peter Radcliffe for design help, and Lee Thompson from the picture library.

The publisher would like to thank the following for their kind permission to reproduce their photographs:c=centre; t=top; b=bottom; l=left;r=right; a=above

Aerofilms: 3tr; The Ancient Art and Architecture Collection: Ronald Sheridan 15cla; AKG, London: 8/9b; The Bridgeman Art Library: Avila Cathedral, Castilla-Leon/Index: 42ca; Biblioteca Estence, Modena, Italy: The Sun God, De Sphaera (15th century) 15tc; Bibliotheque Inguimbertine, Carpentras/Giraudon: The Trial of Robert d'Artois, Nicolas Claude Fabri de Peiresc (1580-1637) 3cr; Bibliotheque de L'Arsenal, Paris: The Garden of Love, Loyset Liedet (1460-78) 32bc; British Library, London: 33clb; Chronicle of St. Denis 33br; Des Proprietez des Choses 42cl (below); From the Coronation of Richard II to 1387, Jean de Batard Wavrin (15th century) 39br; Histore Universelle 43c; Manuscript of Pentateugrul 32cl; Bibliotheque Nationale, Paris: 16tl; Antiquites Judaiques, Jean Fouquet (c.1425-80) 43b; The Battle of Villejuif, Jean-Baptiste Edouard Detaille (1848-1912) 41bc; Crusaders Bombard Nicaea with Heads, William of Tyre(c.1130-85) 24tl; De Claris Mulieribus, Giovanni Boccaccio (1313-75) 17ca;Froissart's Chronicle 20tl, 20/21b, 21tl; A History of the Siege of Rhodes (1483) 40br; Pillage of Jerusalem, Antiochus (1089) 40tc; Vigils of Charles VII, Martial de Paris (1484) 40bc; Bibliotheque Royale de Belgique, Brussels: 22bl; Christie's Images: The Accolade, Edmund Blair Leighton(1853-1922) 15cra; Musee Conde, Chantilly, France/Giraudon: August /Tres Riches Heures du Duc de Berry 30tl; Livre de la Chasse, Gaston Phebus(1387) 36bl; October / Tres Riches Heures du Duc de Berry 30b, 31c; 12 Scenes of the Labours of the Year, P. de Crescens (c.1460) 34tl/cl/bl; National Maritime Museum, London: 41c; Private Collection: The Tower of Babel,Nuremberg Bible (1483) 42br; Victoria & Albert Museum, London: Akbarnama Mughal (c.1590) 41cl; Yale University Art Gallery: The Capture of Atlanta by the Union Army, Currier & Ives (1864) 41cr (below); British Museum: 14bl; The British Tourist Authority Photo Library: Harvey Wood 3tl; The Board of Trustees of the Armouries: 27cr/br; CM Dixon: 37cr; English Heritage Photographic Library: 5tr, 6bl; ET Archive: 9tr, 17br, 34c, 35br/cla, 40tr/c/bl, 41tl, 43cr; Robert Harding Picture Library: 7tr, 32tl; Michael Holford: 17tl; Museum of London: 10br, 11bl, 35ca, 43ca/cl; Rex Features: 10cl (below); Turner 15cr (below); Spectrum Colour Library: 42bc; The Wallace Collection: 13br;Werner Forman Archive: Kuroda Collection, Japan: 41tr; York Archaeological Trust: 39r Jacket: Robert Harding Picture Library: front cover cl

目录

2　城堡的故事

4　城堡中的居民

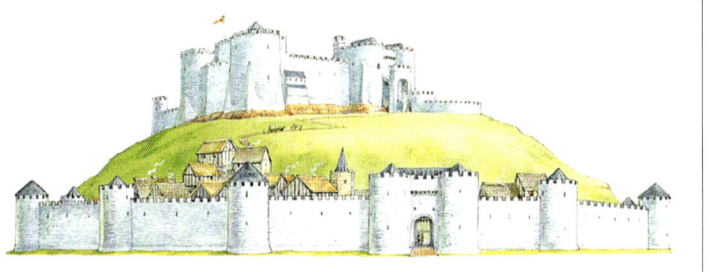

6　城堡的防御工事

8　敌军逼近

10　城堡里的铁匠

12　军械师

14　城堡中的守卫部队

16　藏衣室

18　准备战斗

20　围攻

22　第一轮攻击

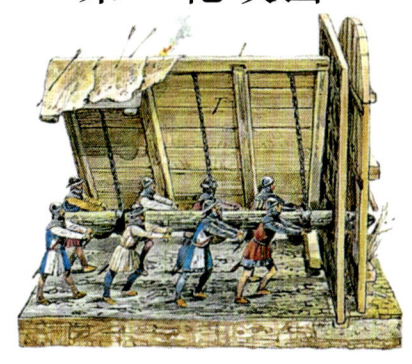

24　猛攻

28　长达数周的围攻

30　恢复和平

32　领主和他的家人

34　城堡的土地

36　狩猎队

38　家庭盛宴

40　历史上著名的攻城战

42　城堡是如何建造的

城堡的故事

城堡通常有高高的塔楼，以及没窗户的围墙。哨兵站在城堡主楼的高处，能看到很远的地方。城堡下面就是城镇。城镇也有自己的围墙和塔楼，还有田地和树林。越过城镇的围墙，田地和树林一望无际。在中世纪，整个欧洲有成千上万座这样的城堡。城堡里有国王和贵族的住宅，也有守卫部队（由骑兵和重骑兵组成）的大本营。为了保卫自己的领土或侵占别国的领土，国王有时会离开自己的城堡。

知识宝库

- 德国境内有许多城堡，法国有10 000多座，英国和爱尔兰有2 000多座。
- 一座城堡管辖方圆约16千米的区域，相当于一个骑士一天的行程。
- 英国国王爱德华一世耗资8 000英镑（约合现在的2 500万英镑）在威尔士修建城堡。
- 城堡如果建在低洼的地方，就能把护城河当成它的一道防御屏障；若建在山上，就没有足够的水来当屏障了。

将敌人拒之门外

外堡处于内城门和外城门之间，是一个附加的防御工事。在这里，弓箭手可以射击要攻进城楼的敌人。

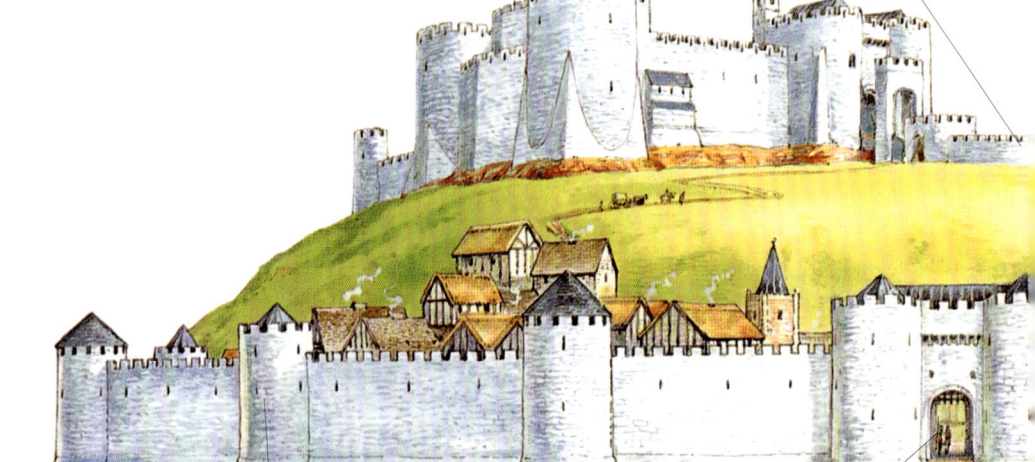

城　堡

这座城堡历史悠久。主楼（城堡的最高部分）建于1150年，一个世纪后，厚厚的围墙环绕着它建了起来。城墙的每个角上都有一个圆柱形的塔楼。又一个世纪过去了，外墙围了起来，里面有马厩和作坊。

城镇与城墙

城镇里的房子主要用木材和泥土建成，而周围坚固的城墙则是用石头垒起来的。

城门上锁

城镇有南北两个城门，到了傍晚就会落锁。

城堡的发展

冷兵器时代，人们在山顶上修建堡垒。他们绕山挖沟壑，并用泥土堆成防御围墙，阻止敌人进入。10世纪以前，封建领主们一直用这种方法建造防御性建筑，最初的城堡应运而生。

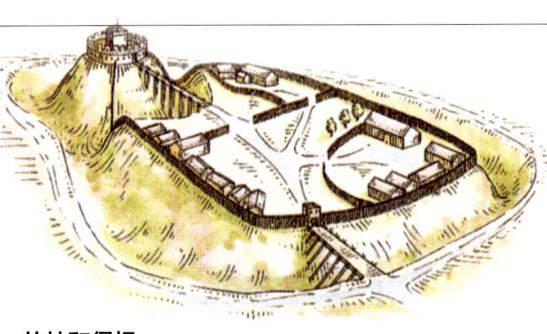

丛林和堡场

有一种早期的城堡，建在平顶小山丘或丛林草原上。它是木制的塔楼，其周围有木篱笆环绕。城堡通过一个设有警戒的入口和桥梁，通向一个更大的场地——堡场。

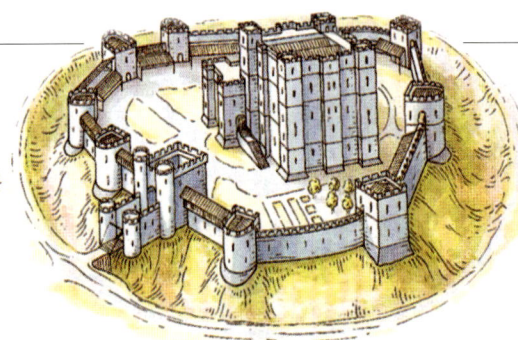

城堡主楼

到了11世纪，有些塔楼用石头建成，这样既可防火，又比木头坚固。13世纪，巨大的主楼和塔楼被带有高大城门的石头防护墙围了起来，城堡更加坚固。

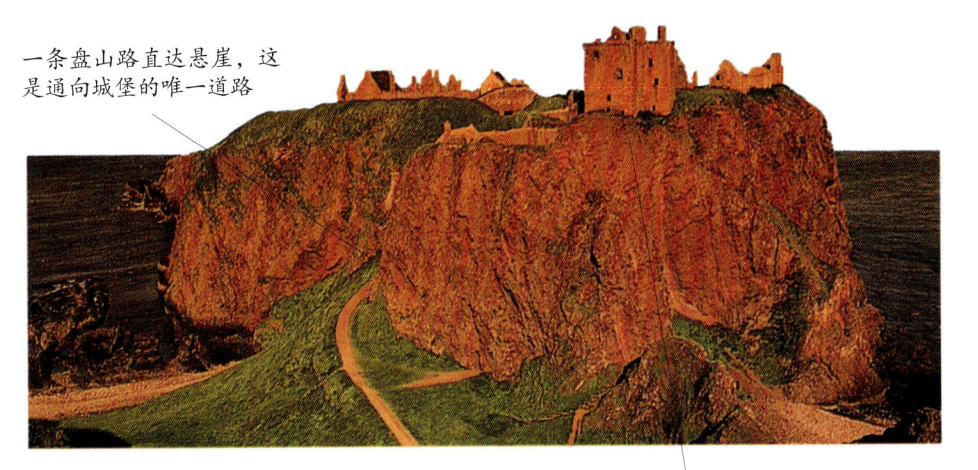

悬崖顶上的堡垒

人们总是尽力在难以被攻击的地方修建城堡。苏格兰有的城堡（如上图所示）建在一块巨大的岩石上。岩石伸向北海，其侧面很陡，难以攀登。攻城的敌人只能沿着这块岩石和海岸间一条狭长的路逼近城堡，进攻的难度极大。

一条盘山路直达悬崖，这是通向城堡的唯一道路

山上的士兵能够很轻松地攻击在通向城堡路上的敌人

戒备森严的普来市城

郁郁葱葱的丛林覆盖堡场

城堡与乡村

在英国的普来市城，丛林和堡场四周有一条护城河作为防护。城镇随城堡发展而变大，护城河也越来越长。

敌人走在城堡周围空旷的地面上，就成了明显的被攻击对象

山上岩石坚硬，敌人很难在城墙下面挖地道

城　镇

正因为城堡的存在，城镇才在城堡周围建成。城堡为城镇生产货物提供了安全保障和市场。

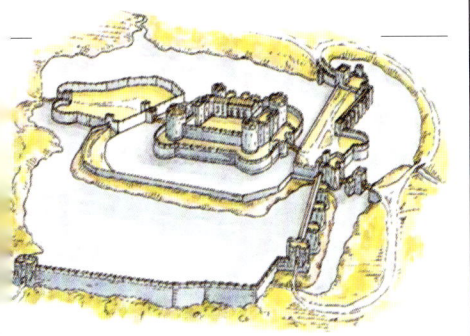

同心城堡

在13世纪以前，许多城堡没有主楼。建筑物周围逐渐修建起两堵墙作为防护，外墙比内墙矮。这种城堡叫作同心城堡。

国王和他的臣民

国王是中世纪时一个国家的最高首领。他将土地赐予他最得力的臣子——男爵（左上）、主教（右上）及地位稍低的贵族（下方）。这些人在属于自己的土地上建造自己的城堡。作为报答，每个贵族都发誓效忠于国王，并答应战争时为国王提供兵力。

城堡中的居民

在城堡中，人人都很忙碌。领主要去领地视察，因此要做好充分的准备。马夫套上马，备好车；年轻的扈从为护卫领主外出的骑士准备好装备；厨师们要为这次旅途准备好食物；侍女为领主及领主的家人备好华丽的衣服；牧师祈祷旅途平安。治安官在领主外出时负责掌管城堡内的各项事务。一半的守卫部队跟随领主外出，因此治安官必须加倍小心，以防城堡遭到攻击。

家庭成员

城堡不仅仅是一座堡垒，它还是领主及其家人的住所。他们由侍女及其他仆人服侍，这些仆人受管家指挥。

夫人　孩子　侍女　贵族内侍

外区　顶层房间　马厩　井　私人祈祷室　大厅　内区　厨房　城堡主楼　西南塔楼

兵器和盔甲

领主和骑士的马由马夫照看。在附近的作坊里，铁匠制作马蹄铁和其他金属制品，军械师制造、修理武器和盔甲。

军械师　铁匠　马夫

大厅中的事务

白天，大厅是处理城堡日常事务的主要场所。领主和管家、财务长在这儿征收税租（包括现金和农作物），处罚犯人。晚上，吟游诗人和小丑会在这里表演节目，为参加晚宴的宾客助兴。

酿酒师　酒商　男管家

啤酒和葡萄酒

有些场合是适合喝酒的，因而酿酒师会酿造足够的啤酒供大家饮用。酒商成桶地提供葡萄酒。男管家负责管理酒窖，将葡萄酒倒入酒壶以备在餐桌上供大家饮用。

厨师　杂工　面包师　食客　膳食官

厨师和厨房其他人员

在厨房中，给厨师配的杂工要协助厨师准备饭菜。年轻的男仆将盘子端入大厅，女仆把食物摆上桌。面包师除礼拜日外每天都做面包。膳食官负责看管食品储藏室。

管家　财务长　小丑　吟游诗人　小听差

士兵

守卫部队招募了一些雇佣兵来保卫城堡。他们在外面的空地上练习箭术。治安官是城堡的副统帅，他的房间在城楼上面。粪农负责清扫厕所。

粪农　治安官　士兵　号箭手

领主的房间

这里曾是英格兰赫里福德郡古德里奇城堡领主的房间。一堵木板隔墙将这个房间与外面的塔楼隔开。

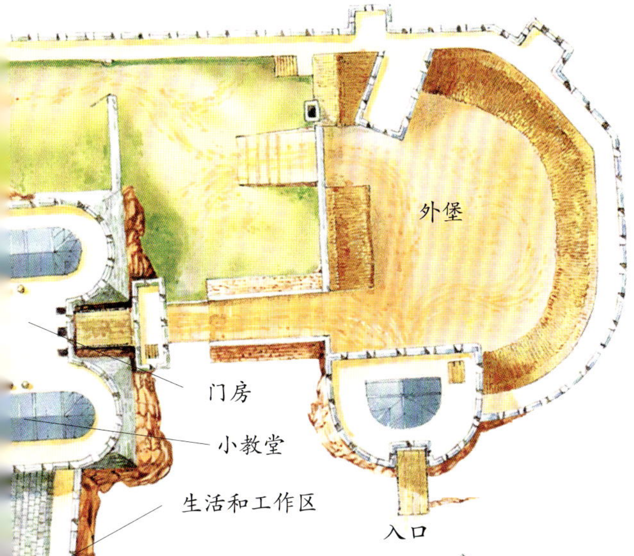

外堡
门房
小教堂
生活和工作区
入口
东南塔楼

猎人　驯鹰师　驯犬师

狩猎和猎鹰

狩猎是领主最喜爱的运动。猎人带着猎犬捕捉鹿和野猪。驯鹰师训练猎鹰，用来捕捉兔子和禽类。猎犬由驯犬师小心照料。

知识宝库

- 有些城堡住着大家族。15世纪，英格兰的温莎城堡里就住着400多人。
- 公元1215年，英格兰汉普郡奥汉城堡被围攻期间，仅有3名骑士和10名重骑兵保卫这座城堡。

传令官　扈从　骑士

骑士和年轻扈从

骑士是身经百战的武士，他们和普通士兵一起守卫城堡。每名骑士都有一位年轻扈从跟随，扈从听从骑士的指挥。骑士和扈从每天训练数小时。传令官负责传达领主的命令。

牧师

牧师负责主持城堡内两个教堂的礼拜仪式。邻近领主房间的小教堂是领主和家人的私人教堂，另外一个较大的教堂供守卫部队和仆人们使用。

牧师

木匠

城堡中的大多数用品需要制作，所以木匠十分忙碌。他和助手制作各种木制品，大到守城器械，小到各种日用品，如长凳和木碗。

木匠

妇女的工作

纺纱女工将羊毛纺成毛线，然后由纺织女工将毛线织成布匹。妇女为居住在城堡中的每个人制作和缝补衣物。洗衣女工负责清洗衣物。

洗衣女工　纺织女工

在旅途中

领主并不是一年到头都待在城堡中，他经常外出视察工作，并征收税租。夏天的早上，领主常在士兵的护卫下，带领家人外出散步。

领主

城堡的防御工事

领主骑马外出时，总是将城堡布防得尽可能安全。几个世纪以来，城堡被不断加固，很难被攻破。城堡墙外是一条深深的护城河，这是第一道防线。第二道防线是外城墙。外城墙里面还矗立着一堵高得多的内城墙。这堵内城墙上除了弓箭口外再没有缝隙。墙上仅有唯一一个大入口通向城堡内部，便是高大的城楼。毫无疑问，要突破所有这些屏障难度很高。

瞭望台
从高高的塔楼上能清楚地看到周围的情况，这里常被当成瞭望台。

受阻的攻击者
上楼的攻击者挥剑的右臂会被中间的柱子挡住。

地利
各个塔楼上螺旋形的楼梯是顺时针上升的，所以面对下方的攻击者，防御者有充分的空间自如地挥动右手中的武器，这就占了地利。

燃料、食物及武器储存在旧的主楼中

反弹石
塔楼底部凸出来的部分可抵挡住猛烈的攻击，并且能将上面抛下的石头弹出。

坚固的外城墙
外城墙底部的厚度超过两米。

水井
没有水，城堡就无法熬过长期的围攻。水十分重要，它不仅供人饮用而且还能用来灭火。水井在内院的一角，靠近领主的房间，深达30多米，用水时可用水桶把水提上来。

注意护城河
护城河在外城墙脚下，有的是干涸的沟壑，有的则有水。这座城堡的护城河是干涸的。

暗无天日
城堡中的监狱在主楼下面，是一间潮湿狭窄的小房间。只有当监狱看守打开厚重的木门时，牢房中才有一丝光线，其他时间则漆黑一片。领主有时用牢房关押俘房中的重要人物。被羁押的显贵们好吃好喝，也不受任何虐待，只有等人为他们付赎金之后，才能重获自由。

垛口

弓箭手躲在墙后面，并从被称为"垛口"的缺口处往外射箭。

头顶上的危险

城门上方的墙向外突出了一小块。突出的这部分底下开有小洞，通过这些洞，守城的人可以将石头、沸油、滚烫的散沙等投向下面的敌人。这些小洞被称为"堞眼"。

堞眼

进入城楼的任何人都要从堞眼下通过。守城的人可通过这些洞抛下投掷物或射箭；如果敌人放火烧大门时，还可通过堞眼向下倒水灭火。

> 他们很谨慎，在城墙上准备了大量可燃的硫磺粉和生石灰，用以洒向入侵者的眼睛。
>
> ——围攻哈夫勒城的士兵的话
> （1415 年）

卫兵转动绞车，升起或降下城堡的吊闸

堞眼

吊闸末端很锋利，能够压碎下面的任何一个人

敌人可能会被困在两个吊闸之间

保护城门

城堡的四道屏障可以阻挡攻击者入城。第一道是沟壑上的吊桥，敌军来犯时可将吊桥拉起，挡住入口。接下来是两个吊闸，它们可以顺着墙上的槽降下来。最后一道屏障便是大门本身，可以关上门，从里边上好门闩。

结实的索链用来升起或降下吊桥

敌军逼近

吊桥是由厚木板做成的，发现敌人时会被拉起。

弓箭口

城墙上唯一的空隙——弓箭口，由于很窄，敌人无法借之攀登城墙。

隐蔽起来

弓箭口里面是加宽的，这样弓箭手能自如地站着射箭而不暴露自己。敌方弓箭手很难从外面把箭射入弓箭口。弓箭口有不同的类型，十字形口便于使用弩。

单口　　十字形口　　带有枪眼的十字形口

敌军逼近

战斗迫在眉睫。领主离开的第四天,一名骑兵带来了紧急情报:领主的邻居——一个势力强大的男爵,正率领强大的军队并携带攻城器械向城堡逼近。

> 当他们得知自己就要被围攻时,他们鸣响警钟,于是所有人都武装起来,保卫城堡。
>
> ——《编年史》
> 傅华萨著
> (1342年)

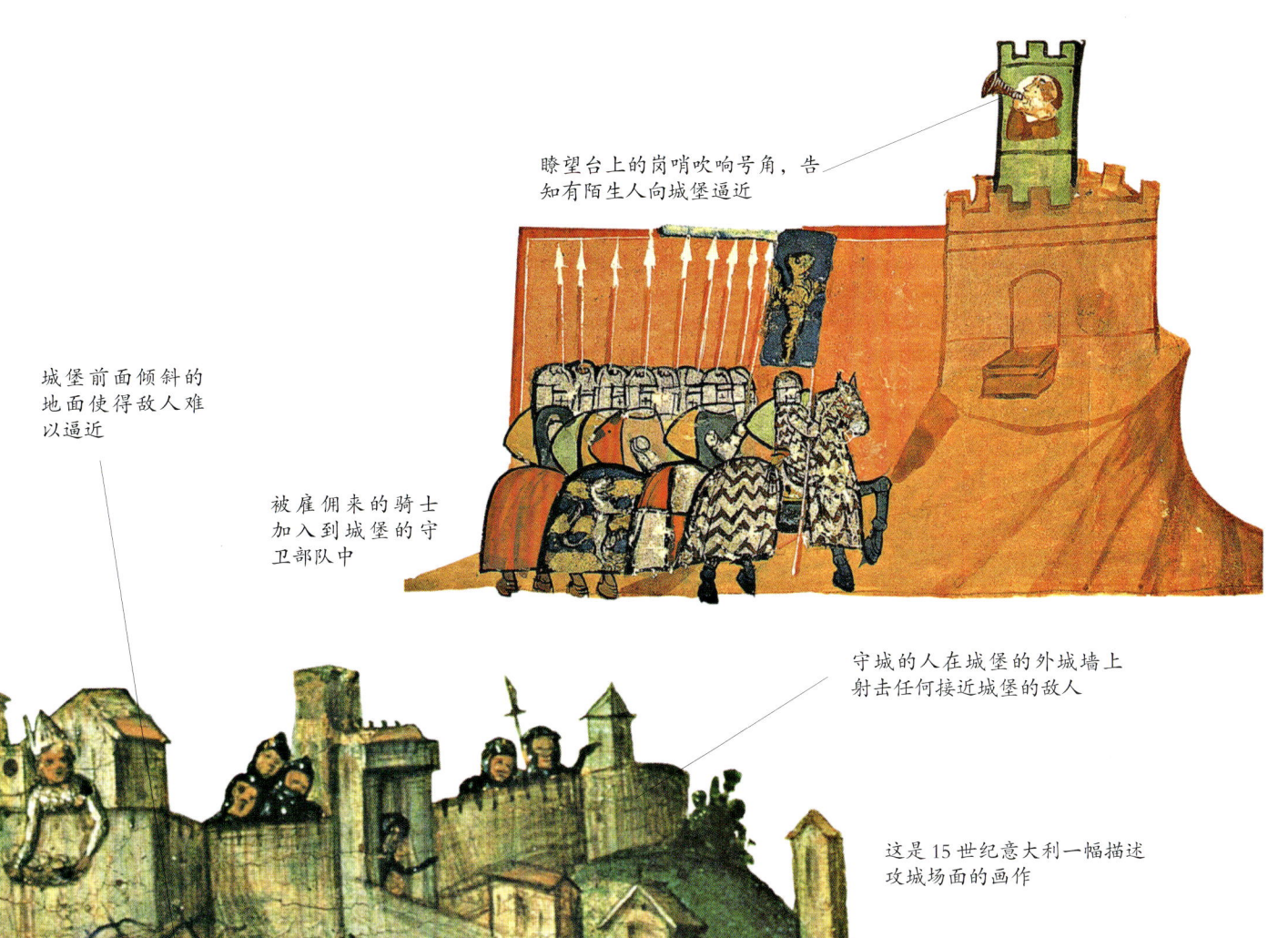

瞭望台上的岗哨吹响号角，告知有陌生人向城堡逼近

城堡前面倾斜的地面使得敌人难以逼近

被雇佣来的骑士加入到城堡的守卫部队中

守城的人在城堡的外城墙上射击任何接近城堡的敌人

这是15世纪意大利一幅描述攻城场面的画作

城堡里的铁匠

铁匠敲打锤头的叮当声和锻炉的隆隆声响彻天空。突然，哨兵跑了进来。"敌人就在附近！"他大声喊道，"治安官要你们务必确保给所有的战马都安装好马蹄铁。"在战场上，战马没有好的马蹄铁便无用武之地，而没有战马，城堡中的骑士便无法出城抗击攻城的敌人。当铁匠的助手加热隆隆响的锻炉时，马夫牵着马匹来到了作坊。接着，铁匠便开始了工作。他摘下破损的马蹄铁，换上新的，并紧紧地将马蹄铁固定住。

预先报警
哨兵跑进来告诉铁匠，他看到敌军正在逼近。他知道铁匠需要足够的时间来给战马安装马蹄铁。

高头大马
骑士的马必须高大健壮，并且还要灵活敏捷，能够在战场上迅速掉转方向。

铁 砧
铁匠在笨重的铁砧上锤打炽热的金属。铁砧被固定在一个木墩上，木墩陷进地面，非常稳固。

铁 匠
铁匠是城堡里非常重要的工匠，因为他负责制作和修理城堡内所有的金属制品。在他那紧靠内城墙的黑暗作坊里，他制作铁钉、铁链、铁制工具、锁、门上的铰链、大炮的零部件、武器配件及其他数百种重要的铁器。同时，他还负责给战马安装马蹄铁。

现代铁匠
现代铁匠仍使用许多中世纪的工具和工艺。锻炉、风箱、铁砧及安装马蹄铁的技巧，这在600多年间仅有微小的变化。尽管大多数现代金属制品是利用机器加工出来的，但有些仍需要铁匠熟练的技巧，比如手工制作的大门及园艺设备等。

制作马蹄铁和马镫

为制作马蹄铁和马镫，铁匠用夹钳夹住铁块，放入锻炉中加热。

扣环和马蹄铁
铁匠在铁砧上将炽热的铁块锤打成形，制作马镫吊带上的扣环，并在马蹄铁上打上铆钉孔。

马镫　　马蹄铁

战争中的城堡——围攻城堡的故事

铁匠的助手
铁匠的助手抬起战马的每只蹄子，卸下旧的马蹄铁，并用锉刀将马蹄修整齐。这样才能确保新的马蹄铁安装合适。

两股风
锻炉有两组风箱，当一组风箱打开向炉内鼓风时，另一组关闭。这就使得进入炉内的风连续不断。

燃料
锻炉内用的木炭是将木头不完全燃烧制得的，这些木头是从领主的土地上砍伐下来的。

铁匠和他的助手穿着厚厚的围裙，保护自己免受飞出的火花和燃烧着的金属的伤害。

转动车轮
木匠需要将一个铁制轮辋安装到新制成的木制马车上。他的助手将木制车轮滚到铁匠面前，铁匠烧热一根铁条，把它锤平，然后弯成一个大环。

冷却铁及回火所用的水

紧密配合
男孩等待铁匠的助手安装轮辋。铁匠的助手将轮辋再次加热，使其膨胀，以便不费力地把它套在轮子上。接着，他要在上面泼上冷水使轮辋冷却并缩紧。

提前锻造
铁匠铺的核心部分是锻炉——一个用砖砌成的带有排烟道的火炉。锻炉体积很大，可炉膛本身却很小。炉火正好在中央，一侧风箱有规律地鼓风，保持炉火熊熊燃烧。铁匠的帮手上下扳动手柄来操纵风箱。

制造铁链
铁链可以用来铐住囚犯或拉起吊桥，也可以被嵌入墙中，以加固城墙。

铁链还被用在马车上

链 环
铁匠将粗铁丝锤成一个环形，并与下一个连接在一起。

镊子　剪子（剪金属薄片用的）

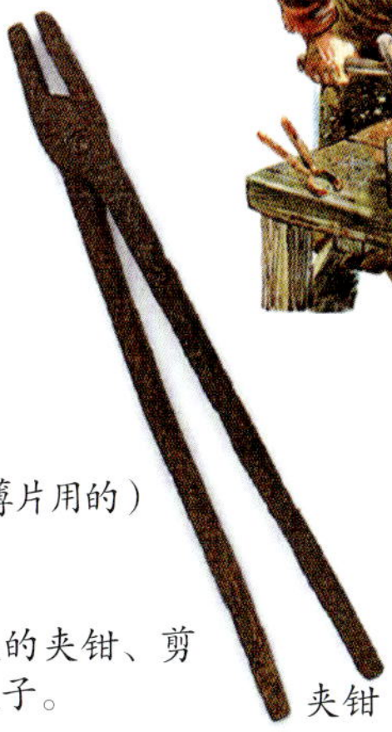

铁匠的工具
铁匠的工具包括夹热金属块的夹钳、剪薄金属片的剪子及拉金属丝的镊子。

夹钳

现在的马车轮
现在的木匠仍然制造和修理马车上的木制车轮。每个轮子的外缘由几部分构成。辐条嵌入轮毂中，并将轮毂与轮辋连接起来。木匠还安装上金属轮箍，来保护木制车轮免遭磨损或划破。均匀地加热和冷却轮箍，是不可或缺的环节，这样可以使轮箍牢牢地套在木制车轮上。

军械师

军械师又开始发牢骚了。他得到了敌军正在逼近的消息，这意味着他和他的团队必须更加辛苦地工作，为每个人准备好武器和盔甲。他们必须磨快剑和箭头，修补破损的盔甲，给长矛换上新的矛杆，锤平头盔上的凹痕……这些活看起来没完没了。更糟糕的是，守卫部队中的骑士及扈从都围着军械师团团转，催促他们赶工，而且大家都争着要最好的盔甲。锻炉中散发出来的热量、烟雾及热金属呛人的气味搅和在一起，使得军械库中的空气特别混浊。军械师就是在这样的环境里工作的。

制作盔甲

富有的骑士请最好的军械师为他们制作最好的盔甲，其他人都从当地的铁匠铺中购买。每名骑士都仔细地量过身材尺寸，这样做出的盔甲才会合体。

骑士的盔甲里面，上身套着带衬垫的短袍，下身套着羊毛长袜

盔甲的所有护甲用金属铆钉或皮带连成一体

把剑锤打成形

修盔甲

多数骑士在盔甲里面穿着衬衣，扎着绑腿。

用环修补盔甲

盔甲很有韧性，但也会被斧头或重剑砍破。军械师用新的金属环修补损坏的部分。

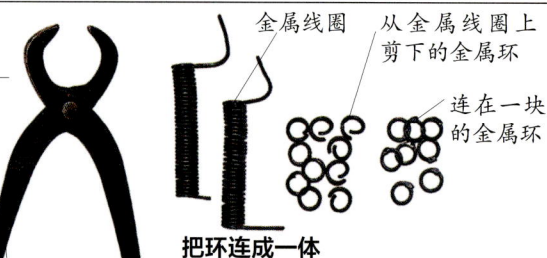

夹金属丝的钳子

金属线圈

从金属线圈上剪下的金属环

连在一块的金属环

把环连成一体

金属环是从金属线圈上剪下来的，军械师用连在一起的金属环把断开的盔甲接好并用铆钉铆住。

制作盔甲

盔甲都是由最初的粗糙铁棒或铁块锻造而成。军械师将铁棒或铁块在锻炉中加热，然后用大锤将其锤到足够薄，再将它们切成大小合适的尺寸，并在铁砧上用几个较小的锤子将这些小铁片锤打成形。

制作头盔

骑士和士兵戴着一种被称为轻钢盔的头盔。剑击到头盔时,会从头盔的圆锥形顶部向侧面滑脱。

1. 把金属片加热后固定到木墩上的金属模上,然后锤打成形。

2. 用锤子锤打出的粗制头盔要打磨光滑。

3. 军械师用锤子将U形钉锤在头盔的边缘,以此来连接盔甲的护颈。

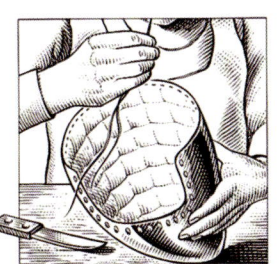

4. 衬套是用带衬垫的布或皮带制成的,缝在头盔里面的皮带上,皮带铆在头盔上。

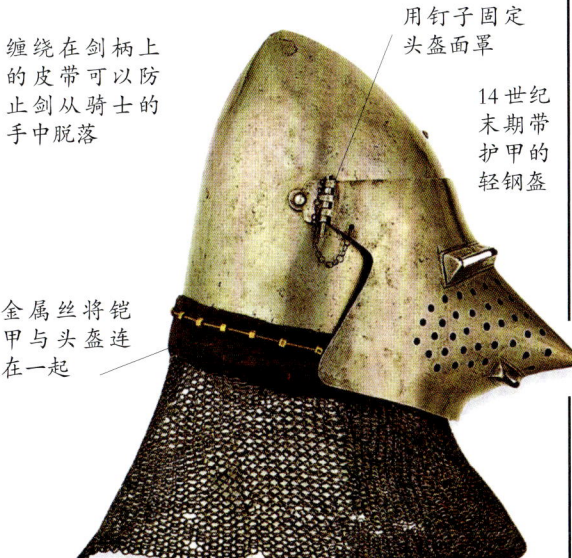

由于火易引发火灾,军械库常与别的建筑物隔离开来

唯一的光线来自锻炉和墙上的火把

已磨完修好的东西靠墙堆放

知识宝库

● 如果骑士住得离军械师比较远,他可以派人把腿的蜡制模型送去,用来安装盔甲中腿的部分。
● 有些盔甲很轻,穿戴者可以自由地跑动、骑马,甚至翻跟头。
● 米萨利亚是一位有名的意大利军械师,在他制作的盔甲片上有《圣经》中的谚语。

修理兵器

和平时期,武器放着就生锈了,到了战时人们才发现,许多武器都已严重损坏——剑刃变钝或破损,矛杆破裂,弓弦折断。由于战斗马上就要开始,每件武器都要经过仔细检查、擦洗、维修。

工匠将矛头安装在一个长长的矛杆上

用沙子擦匕首,以清除锈迹

缠绕在剑柄上的皮带可以防止剑从骑士的手中脱落

为了让炉火旺起来,学徒工需要用箱向炉内送气

砂 轮

剑、矛、斧子等武器均在粗糙的砂轮上磨削。助手通过踩动踏板来转动砂轮,并将兵器的刃倾斜着靠在砂轮上,这样能保证磨出的刃又平又直。

用钉子固定头盔面罩

14世纪末期带护甲的轻钢盔

金属丝将铠甲与头盔连在一起

头部防护

骑士的头盔叫轻钢盔。它有一个可向上掀开的尖头面罩。戴这种头盔的骑士通过眼孔观察周围的事物。凉爽的空气通过通风孔进入。盔甲的颈部防护罩可连接到头盔的底部。

城堡中的守卫部队

和平时期，领主雇用为数不多的人保卫城堡，有3名骑士作为领主的家庭成员长期居住在城堡内，另外还有少数几个重骑兵。可是近来，战事似乎一触即发。几个月来，领主一直怀疑实力强大而且野心勃勃的邻居——一个男爵正在蠢蠢欲动，要来侵袭他的城堡。为以防万一，他雇用了更多的骑士和士兵。这件事耗资巨大，领主每天要支付给每名骑士2先令，每名重骑兵1先令。对于一个60多人的守卫部队而言，每名成员都需要食物和马匹，支出非常大。

骑 士
骑士是从小就接受军事训练的高级武士。他们是骑马、摔跤、使用各种兵器（包括佩剑、长矛、斧头及狼牙棒）的能手。

雇佣兵
领主的佃户必须承担一定的防卫任务，来抵消一部分租金。在14世纪以前，这种服役并不普遍，许多佃户以现金的方式付租金。领主用这些钱去招募雇佣兵或职业士兵。

重骑兵
重骑兵的等级比骑士低，可他们也是骑马作战。由于好的盔甲很昂贵，所以普通的骑兵通常穿着仅由少数几片金属板制成的盔甲。

护住颈部的护罩

装甲板
长弓射出的方簇箭可以射穿普通的盔甲，因此骑士用专门制作的薄钢板保护手臂、腿及躯体，而且他们头戴头盔。

骑士的盾牌是用木头制成的，与前几个世纪用的盾牌相比体积较小，并且微微弯曲

步 兵
步兵身穿帆布衣服或铠甲，头戴皮制或金属头盔。他们手持剑和小盾牌作战，有时也用矛或斧头。

弓箭手
使用长弓或弩的弓箭手能准确地射到很远的距离。他们是攻击敌人的中坚力量。

战争中的城堡——围攻城堡的故事

— 一名扈从在苦练技能

在这幅19世纪晚期的浪漫派作品中，一位贵族夫人将一名扈从册封为骑士

艰苦的训练

一名骑士的训练过程漫长且充满艰辛。大约7岁时，他就要被送往贵族家中当小听差。在这里，他将学会礼仪、唱歌和演奏音乐。14岁时，他将成为骑士的扈从，听命于一名骑士。他的训练，从摔跤、击剑、练习骑术和照料马匹开始。

小心重锤

矛靶人像是一种训练装置。矛靶人像一手持盾牌，一手持重锤。扈从坐在马背上用矛刺向盾牌。这样势必会使矛靶人像绕立柱转动，重锤随时可能打在扈从身上。扈从必须反应迅速，躲开重锤的攻击。

成为一名骑士

约21岁时，扈从才能成为骑士。在骑士受封仪式中，扈从换上新衣服并被授予一把剑。国王或领主用剑轻触受礼者颈部。他跪在主人面前宣誓，永远保护主人，追击敌人。

阔剑
安装在长杆上的单刃刀叫作阔剑，既可用来直刺，又可用来斜劈。

长弓
长弓通常是用紫杉木制成的，大约与弓箭手一样高。

武 器

马背上的骑士可选择使用各种兵器。首先，他手拿长矛向敌军冲锋；接着，他拔出利剑，刺向盔甲钢板之间的缝隙；另外，他还可以用短柄钉头锤攻击敌人。步兵用较长的武器能够更有力地攻击敌人，斧柄长达2米的斧子能够劈中敌人的脑袋。

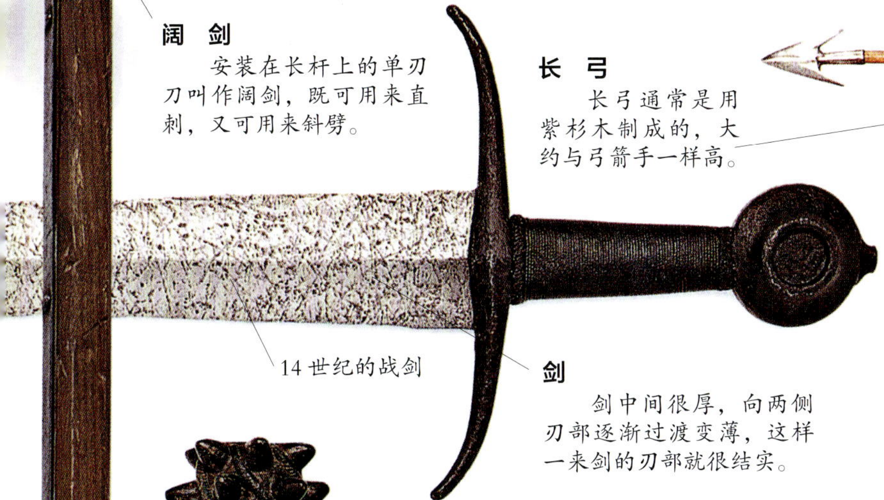

14世纪的战剑

剑
剑中间很厚，向两侧刃部逐渐过渡变薄，这样一来剑的刃部就很结实。

钉头锤
这种短柄钉头锤能在盔甲钢板上砸出凹痕。

斧 头
短柄斧头就挂在马背上晃来晃去。

长 弓
使用长弓的弓箭手放箭之前用左手持弓，右手拉弦搭箭。

14世纪的钉头锤

14世纪的短柄斧头

15

DK儿童探索百科丛书

藏衣室

传令兵气喘吁吁地穿过大厅，登上楼梯，直奔领主的房间。隔壁是一间藏衣室，他向里面看了看，到处都是成摞的衣服——有放在柜子里的，也有堆在桌子上的。藏衣室既是储藏室，又是制衣女工做工的地方。下图中站在中间的人是藏衣室的主管。"治安官吩咐，你们要先放下手中夫人的长袍，"传令兵说道，"赶快缝补士兵的衣服！"说着他便把一包破烂的紧身短上衣倒在了桌子上。接着，制衣女工们立即开始工作。

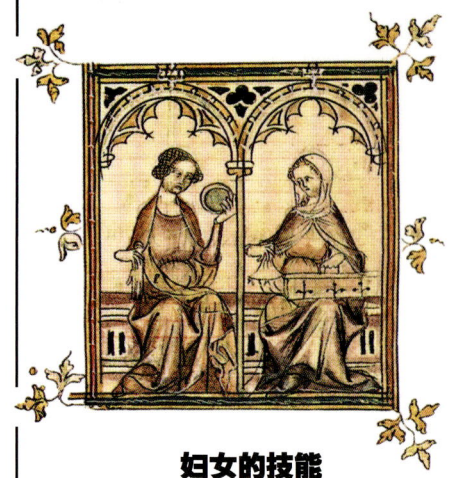

妇女的技能

有良好教养的中世纪妇女具备做针线活的技能。她们学习刺绣、烹饪、纺织及音乐。在这幅选自14世纪法国一本书的插图中，两名妇女在做针线活。

手动纺车

纺织女工用脚踩动踏板转动纺车，它会带动纺纱杆转动，纺纱杆将羊毛线缠在上面。

一名缝纫女工在旗帜上绣上领主的盾徽

藏衣室的主管在监督工作

一名女工在缝一顶士兵的帽子

缝补衣物

女裁缝负责为城堡中的大多数人制作、缝补及洗涤衣服。现在，她们急匆匆地开始缝补守卫部队士兵破损的短上衣，修补帐篷，并要确保将领主的标志和徽章缝在士兵的制服上。

舒适的衣服

女裁缝们放下手中的活——一件昂贵的绸缎长袍，所用丝绸都是从中东进口的。

修补垫料

在军事训练中，士兵的衣服常会受到损坏。紧身上衣中的垫料经常松散，必须修补。

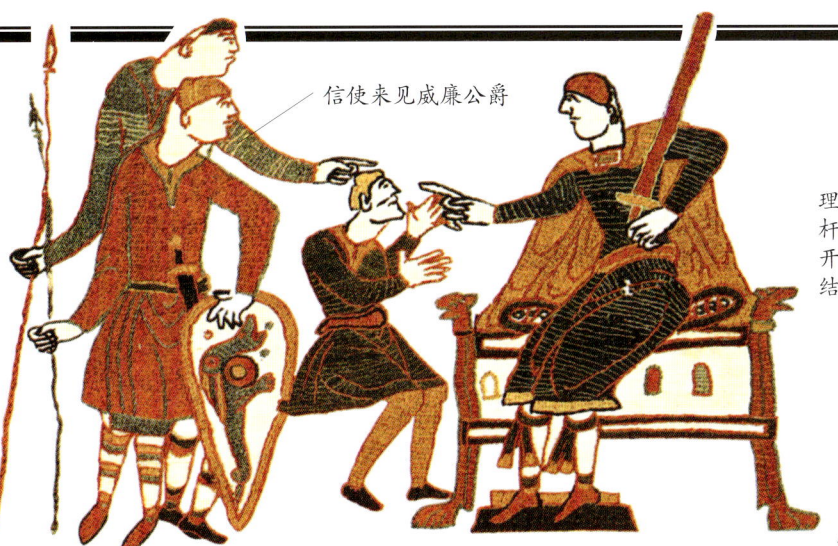

信使来见威廉公爵

把羊毛纺成线
羊毛经过清洗之后梳理整齐。纺织女工在纺纱杆上纺毛线。她轻轻地扯开纤维，将纤维搓捻成结实的毛线。

缠成团的毛线

纺杆

挂毯轶事
中世纪的刺绣品同时也是精美的艺术品，有的还记录着历史。诺曼底的威廉公爵于1066年击败哈罗德二世，征服了英格兰。英格兰的刺绣工制作了一幅69米长的贝叶挂毯来纪念此事。

旗 手
每当投入战斗时，总有一名士兵高举着标有领主纹章（盾形徽章）的军旗。在战场上，军旗是军队的标志。

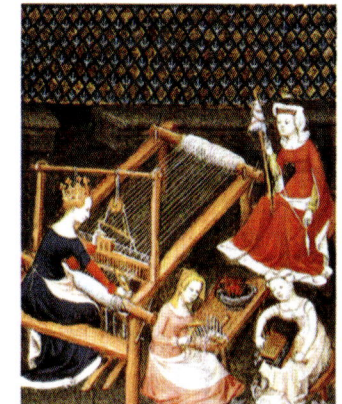

织布机
羊毛纱在织布机上织成布匹，有时与山羊的毛混合制成一种叫羽绒布的面料。织布工将缠满纱的织布梭在经线间上下下穿来穿去，这些经线被固定在宽大的木制框架上。

黄底红色条纹

红底银白色图案

红底黄色立狮

蓝底黄色雉堞

红白相间的菱形格子图案

黄底紫色昂首蹲伏的狮子

墨绿底黄色月亮

黑底黄色有凹槽的十字架

黄底墨绿色跃起的龙

纹 章

当骑士们全副武装时，很难分辨谁是谁，因此每名骑士都用自己的纹章标志（也叫盾徽）来装饰自己的盾牌或盔甲。

继承而来的徽章
纹章在马上比武或在战场上尤其有用。父亲将他的纹章传给长子已成了一种习俗。14世纪以前，纹章的制作有一套严格的规定，并且有特殊的术语对其进行描述。

徽章分成四部分，绣在上衣上

骑士的纹章根据图案和颜色来辨认

骑士的徽章
这块刻有纹章的盔甲钢板是从一名骑士的坟墓中发掘出来的。这名骑士死于1531年，全副武装，盔甲的外面套着绣有纹章的上衣。

准备战斗

临近的男爵率部队推进的消息很快传遍了城堡周围的乡村。出于恐慌，附近村庄的居民纷纷离开他们的家园，匆匆奔向城镇的避难所。与此同时，城堡治安官也让守卫部队处于全面戒备状态。他派人招募士兵；吩咐将水、食物及弹药运到城镇并储存起来；安排木匠在城墙和塔楼的顶部建造木制的防御工事来加强城堡的防御；还派了一名骑兵传信给领主，以征求领主的意见，安排最佳对策。

> 城镇中所有的已婚妇女和年轻的姑娘都备好石头，准备用石头打击来犯的敌人。
> ——围城者口述（1173—1174年）

城堡储备
武器和粮食运往城堡中。

雇佣兵携带着被褥和一些食物

农民可能要走一整天才能到达城堡

骑马的重骑兵

转移至安全处
在通往城镇的路上，牛车、驴子和步行的人们川流不息。村民们带上了主要生活用品——铁锅、羊毛毯子及简单的家具，还有最值钱的牲畜。家家都有一些鸡，富裕一些的农民家里还有牛和几只绵羊。

贵重的牲畜
农民将他们的牲畜带到城镇中。他们设法确保不给攻击者留下任何可以吃的东西。

通常，太贵重的马太娇弱，在凹凸不平的路上拉不动大马车。这种情况下往往用牛取而代之

木匠在塔楼顶部侧面搭建隔板以阻挡敌人射来的箭

木板之间留有向下抛投掷物的间隙

支撑横梁被安置在墙上砖石结构中专门的"放木洞"中

滚烫的沙子、油及石头可以从围板底部的间隙中抛下去

瞭望台矗立于城堡的各个塔楼上

搭起围板

城堡中的木匠匆匆忙忙地在塔楼顶部四周及塔楼之间的墙上搭起了木头围板。这样能够保护己方士兵不被飞来的箭伤害。

城堡中的牲畜

在历时很久的围攻期间，新鲜的食物不可或缺。城堡中饲养的牲畜为军民提供肉和奶。

鸡　　猪

可供食用的牲畜

牛、山羊还有绵羊每天都产奶。母鸡下蛋，肉还可以吃。猪被屠宰后，肉被熏制或腌起来。

阻止敌人

治安官的首要目标是阻止进攻的敌人登上城墙。他让士兵清除了山坡上的岩石及灌木丛，使得敌人无处藏身，并让弓箭手驻扎在城楼前面的城堡中。然后，放下城堡的吊闸，收起吊桥，上好门闩，并用许多粗木头将门从后面顶住。

烧光一切

治安官命令村民们毁掉他们的房子和长着庄稼的田地。不能贮存在城镇或城堡内的所有粮食都要被烧掉，剩余的牲畜被杀掉后掩埋起来。这样就使得敌人无法得到这些东西，而庞大的敌军正需要这些食物。

烧为平地

农民的茅屋由木头、泥土、稻草或芦苇搭建而成，很不结实，极易被烧毁。

农民精心种植的大麦在熊熊大火中被烧毁，这样就断绝了敌军的食物来源

雇佣兵携带着自己的剑、矛及小盾牌

准备好要从城墙上抛下的一马车石头

焚烧完后，地面变得滚烫，光秃秃的一片

援　军

以前，城堡领主让佃户当卫兵，作为交纳租金的一种方式；可是现在，大多数佃户都交纳现金。当城堡需要援军时，领主不得不招募雇佣兵。这些雇佣兵自己携带武器。

围 攻

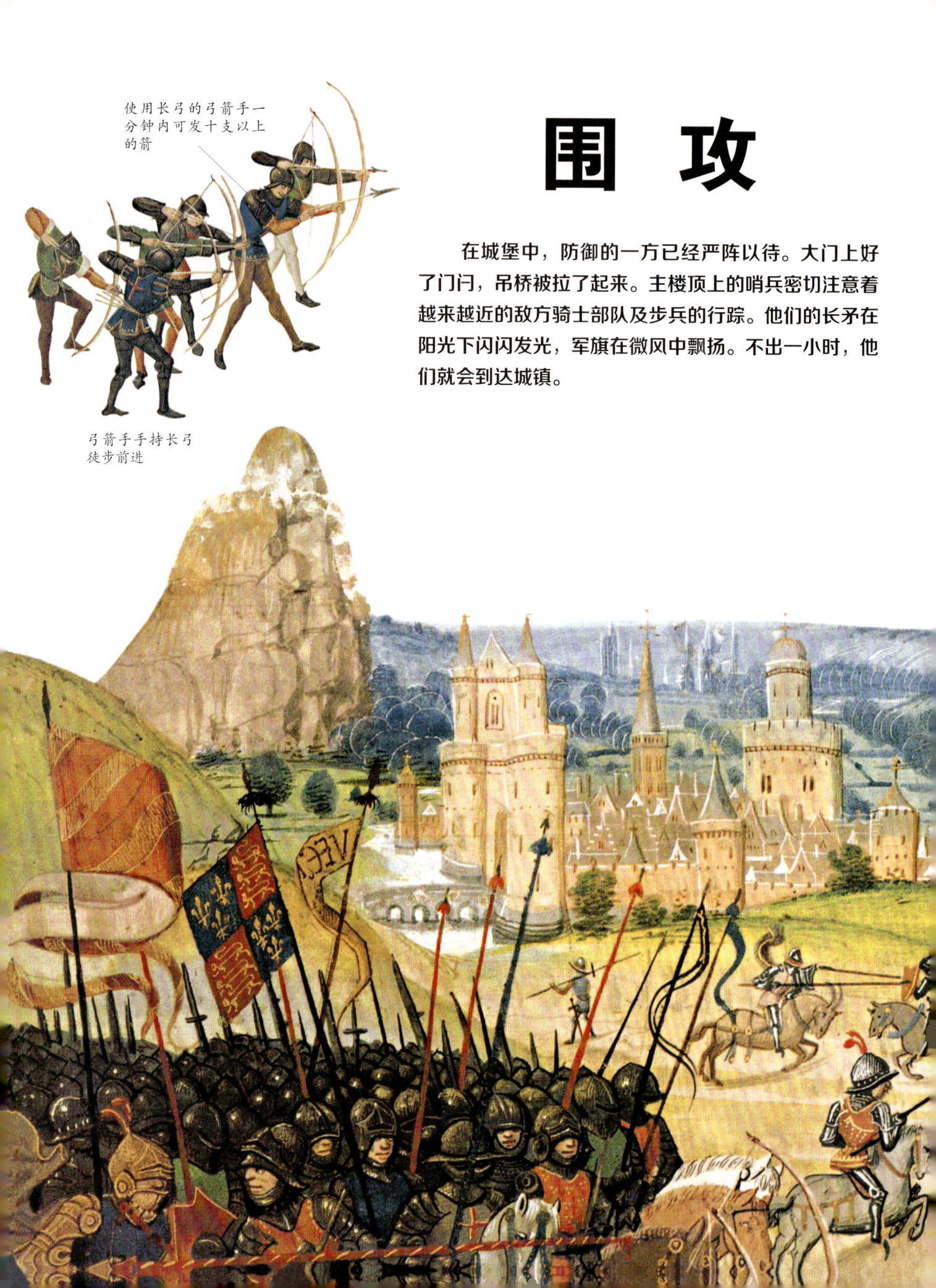

使用长弓的弓箭手一分钟内可发十支以上的箭

弓箭手手持长弓徒步前进

在城堡中，防御的一方已经严阵以待。大门上好了门闩，吊桥被拉了起来。主楼顶上的哨兵密切注意着越来越近的敌方骑士部队及步兵的行踪。他们的长矛在阳光下闪闪发光，军旗在微风中飘扬。不出一小时，他们就会到达城镇。

张弓搭箭的弩手

有些弩的弦必须松开才容易搭上箭

敌人利用附近的城镇来攻击城堡

> 看到身着战袍的骑士和战马,令我异常兴奋。我喜欢看到他们身后跟随着许多重骑兵。当我看到坚固的城堡遭围攻时,心中充满了喜悦……
>
> ——法国游吟诗人
> 伯特朗·德·菩恩作品
> (1180年)

军旗标明是有地位的领主的军队

第一轮攻击

敌军经历了一次长途行军，这对于骑马的骑士来说还算轻松，可是倒霉的步兵不得不徒步走完全程。首先，敌军需要占领城堡附近的小城镇，然后才能攻克城堡。部队支起帐篷，架起攻城器械，随后开始了进攻。弓箭手射出带火的箭，点燃了茅草屋顶；步兵用攻城槌连续猛砸主城门；其余的人则爬上云梯……城镇里的大多数人逃跑了，剩下的都投降了——城镇被攻陷了……

投石网

由于杠杆的作用，网兜中的石头会自动弹出。

发射投掷物

只要一松手，长臂就会飞向空中，网兜中的石头就被投出。

扎营

攻击部队的首要任务之一就是扎营。

攻城利器

很快，投石器把城墙打了一个大洞。投石器巨大的木梁一端是重物，另一端是一个网兜。操作投石器的士兵们正忙着往投石器长臂下的网兜里装石头，然后将它放开将石头投射出去。

投掷物

投石器所用的投掷物通常是重45千克至90千克的大圆石头。

平衡重量

装满石头和泥土有助于长臂借助转轴和杠杆作用腾空而起。

坚固的围墙后面

在这幅画中，一堵厚厚的石头围墙环绕着一座法国中世纪的城堡。围墙保护城镇内的居民免受敌人的袭击。结实的大门是城镇的唯一入口，这些大门傍晚时要上锁，直到第二天凌晨才能打开。

战争中的城堡——围攻城堡的故事

击中目标
一击即中！投掷物掀去了一大块墙皮，把墙也砸坏了，碎石块到处乱飞。进攻一方的人群中发出了一阵欢呼声。

带火的箭引燃了房顶，接着火迅速蔓延开来

危险的碎石
有时，投掷器投来的石头能把城墙击坏，飞起的碎块能像子弹一样致人重伤。

着火了
大火烧毁了干燥的木头房顶。

防御措施
防御的士兵通过堞眼来观察敌情，或抛下重物砸向下面正在进攻的敌人。

城堡吊闸大小合适，嵌入城墙中，向里是推不动的

进入城镇
一旦通过大门，进攻的士兵就可以放火焚烧城镇中的木制房屋。

破门而入
攻击者用攻城槌撞破了城镇的大门。攻城槌用链子吊在一个木制的架子上，上面覆盖着潮湿的动物皮，这样可以挡住从城墙上扔下来的燃烧物，保护进攻的士兵。

通过城门
城楼通常是进入城镇的唯一入口。遭遇危险时，大门会闩上，并用粗大的木头顶住。

屋顶上潮湿的动物皮有助于阻止大火蔓延

下面当心！
士兵通过围板底部的间隙向下倾倒滚烫的沙子。

对进攻一方而言，将箭射入垛口非常困难

别抬头！
当敌兵抵达城墙脚下时，防御的士兵将滚烫的沙子和沸腾的开水倒在他们头上。守城的士兵还向下抛掷石头、生石灰、沸油或燃烧的松脂。

请求支援
一名扈从骑着马突出重围，快马加鞭向外出的领主通报城堡的困境。

受伤的士兵被抬进主楼中的病房中

反 攻
为了分散敌人的注意力，一队骑兵从东侧墙上一个狭窄的门中冲出城，对敌人发动了猛烈的攻击。一队敌军前来迎战。没有人注意到一名扈从趁机偷偷地溜走了，去寻求领主的救援。

与此同时，我们的士兵用弩、投石器及其他各种各样的武器向敌方哨兵射击，这样可以将敌人赶下城墙。

——《围攻阿夫勒尔的编年史》
（1415年）

弓箭手

城楼上，沿城墙分布着不到30名弓箭手。每个人必须负责防守很大的范围。

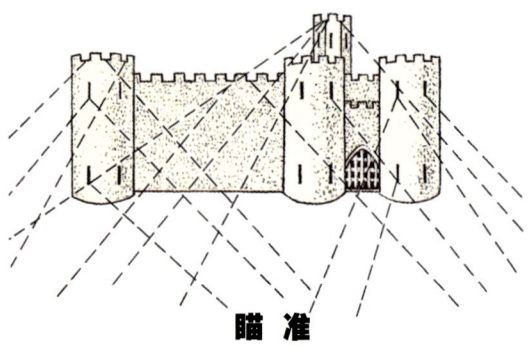

瞄 准
弓箭手通过塔楼及城墙上的弓箭口瞄准城堡周围每一个角落的敌人。塔楼内的守军射出的箭，从城墙上的弓箭手头顶上掠过，形成火力交叉。

箭 头
弓箭手根据情况选择箭头。针状箭头因为非常尖锐，所以能够刺破盔甲，用这种箭头可以射击马背上的骑士。宽箭头有倒钩，很难拔出，通常用来射击战马。

锥状箭头
普通箭头
宽箭头
针状箭头
多用途箭头

一个铁蒺藜有4个小尖头。不管怎样着地，总有一个尖头朝上

脚底下的危险
战马和步兵在城堡前面必须小心行走。防御者在地上撒下了铁蒺藜（一种能刺透马蹄使马变瘸的很小的铁制尖状物）。尽管每个铁蒺藜仅有几厘米高，可是如果马意外踩在上面却能受到严重伤害。

攻击可能会来自各个方向，因此，所有的城垛上都有士兵把守

围板被带火的箭点着了

卫兵往火苗上泼水，并用湿布扑打

进攻的士兵试图借助云梯登上城墙

在主楼中，被俘获的敌军骑士被关押起来，直到支付赎金以后才会被释放

城墙里面

第一轮攻击的强度对于城堡中的守军而言是极为可怕的。射来的箭雨点般飞向城垛，以至于城堡内的居民不敢露头。攻城者将石头射向城墙。巨大的攻城槌连续不停地撞击着城门。两侧塔楼中全是敌军士兵。看来城堡就要被占领了。

攻城槌

敌人在壕沟上架起了桥，并推着他们的"老鼠"——一种有罩棚的攻城装置，冲了过去。罩棚下悬挂的是攻城槌。在攻击者开始猛撞大门之前，守军迅速地放下一个用绳子吊着的大垫子。这样会减轻攻城槌对大门的冲撞力。

DK 儿童探索百科丛书

长达数周的围攻

战斗陷入了僵持阶段。攻城方无法正面攻破城堡，而守军也无法将他们击退。男爵非常恼怒和沮丧，他掠夺了城镇和附近村庄中的粮食来补充军粮。攻城方只有一个办法了，便是困住守军，耗到他们弹尽粮绝，迫使他们不得不投降。男爵在城堡周围部署了兵力，以阻止援军或供应物资进入城堡，然后他便等待守军物资枯竭。这一等，就从几天等到了几个星期。很快一个月过去了，城堡内的粮食、燃料和弓箭储备开始严重短缺。

> 不要轻易放箭，除非急需。至于食物，咱们还是省着点用吧。喂！弓箭手，注意节约你们的箭。
>
> ——《特威德之痛》
> 罗杰·戴斯图特威尔著
> （1174 年）

垛口后面

尽管有城墙作为掩护，垛口处一名士兵还是被敌人的箭射中了。这名受伤的士兵被搀扶着走下楼，到医生那儿去了。

病 房

伤员们在城堡主楼一层得到了护理。他们躺在稻草上，外科医生给他们取出箭头，并包扎伤口。

仓 库

食物（包括谷物、腌肉及晒干的大豆）和木柴贮存在地下室。地下室的门一直牢牢地锁着，以防被盗。

两周以后

攻击者暂时没有攻击城堡，可是防御士兵仍密切监视，并试图用弩击毙敌兵。男爵的士兵给予还击，他们用投石器发射投掷物。守备部队的一部分兵力隐藏在主楼中。如果敌人攻占了城堡，这将是他们的最后一块阵地。

草 药

药物疗法

城堡的小花园里长着许多不同的草药，它们有两个主要用途——遮住难闻的腐肉气味和用来配制草药。莳萝可驱除异味，也用来占卜。薄荷可以治疗多种疾病。神香草作为一种治疗消化不良、增进食欲的草药而家喻户晓。茴香的香味可以使将要晕倒的人苏醒过来。

莳萝　薄荷　神香草　茴香

四周以后

夏日的太阳日复一日火辣辣地烤着大地。在这样炎热的天气中,城堡内贮存的水和肉很快就滋生出了细菌。痢疾迅速在处于半饥饿状态下的城堡居民中传播开来。很快,被疾病夺去生命的人数超过了在战斗中阵亡的人数。士兵因此士气低落。

丧失希望

城楼上防御的士兵食不果腹、精疲力尽,开始陷入绝望。

直接打击

投石器发射出的投掷物在城堡主楼的房上砸出了一个边缘参差不齐的大洞。

储备出现短缺

士兵取出两桶箭,这是他们最后的"弹药"。

医生给那些受痢疾折磨而垂危的人服药

烧灼皮肉

外科医生用炽热的烙铁烧灼伤口,以烧掉感染的皮肉,并止血。

木桶被拆掉充当燃料

空仓库

最后,食物碎屑也被吃掉了。

六周以后

守军如此饥饿,以至于他们不顾一切地到处寻找吃的东西。他们捉老鼠烧着吃,并吃草和蓟。后来,他们干脆割下马鞍上的皮革煮软了嚼着吃。

放哨

哨兵往远处一看,有一大队人马正在向城堡方向快速行进。他看见那队人马高举着领主的旗帜。他们有救了。

援兵终于来了

守备部队已经伤亡过半,水井也干涸了。一些幸存下来的人恳求治安官缴械投降。治安官觉得几乎无法抵御下一轮攻击了。这时,东侧塔楼上传来援兵赶到的消息,真是太及时了。

牧师正在给一个奄奄一息的人做祷告

男爵撤退

当城堡中的人面临绝境时,领主的援军到了。此时,在城堡外面,男爵的围攻部队也已经食物匮乏,并且爆发疾病。看到领主的援军来了,他们狼狈撤退。

放血

即使是没有食物时,人们也不愿杀死自己的牲畜,尤其是马或驴子等驮运货物的牲畜。他们只会从这些牲畜的身上放出少量的血来饮用。

恢复和平

就这样，领主未动一刀一枪便回到了自己的城堡。他的归来受到了守备部队20余位幸存者的欢迎。居民们的生活逐渐恢复了正常。农民耕种晚夏作物，建筑工人开始修补损坏的城墙，运货的马车夫又可以运来新鲜的生活物资了。

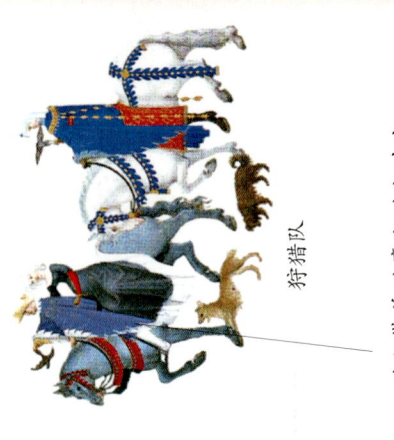

狩猎队

猎人带着猎鹰和猎犬外出狩猎

这座法国城堡曾经是一座王宫，这张图来自1413年的一本书中

农民捡拾柴火

贮藏王室财宝的高大塔楼

农民播种

城堡的后门——城墙下一个狭窄的入口

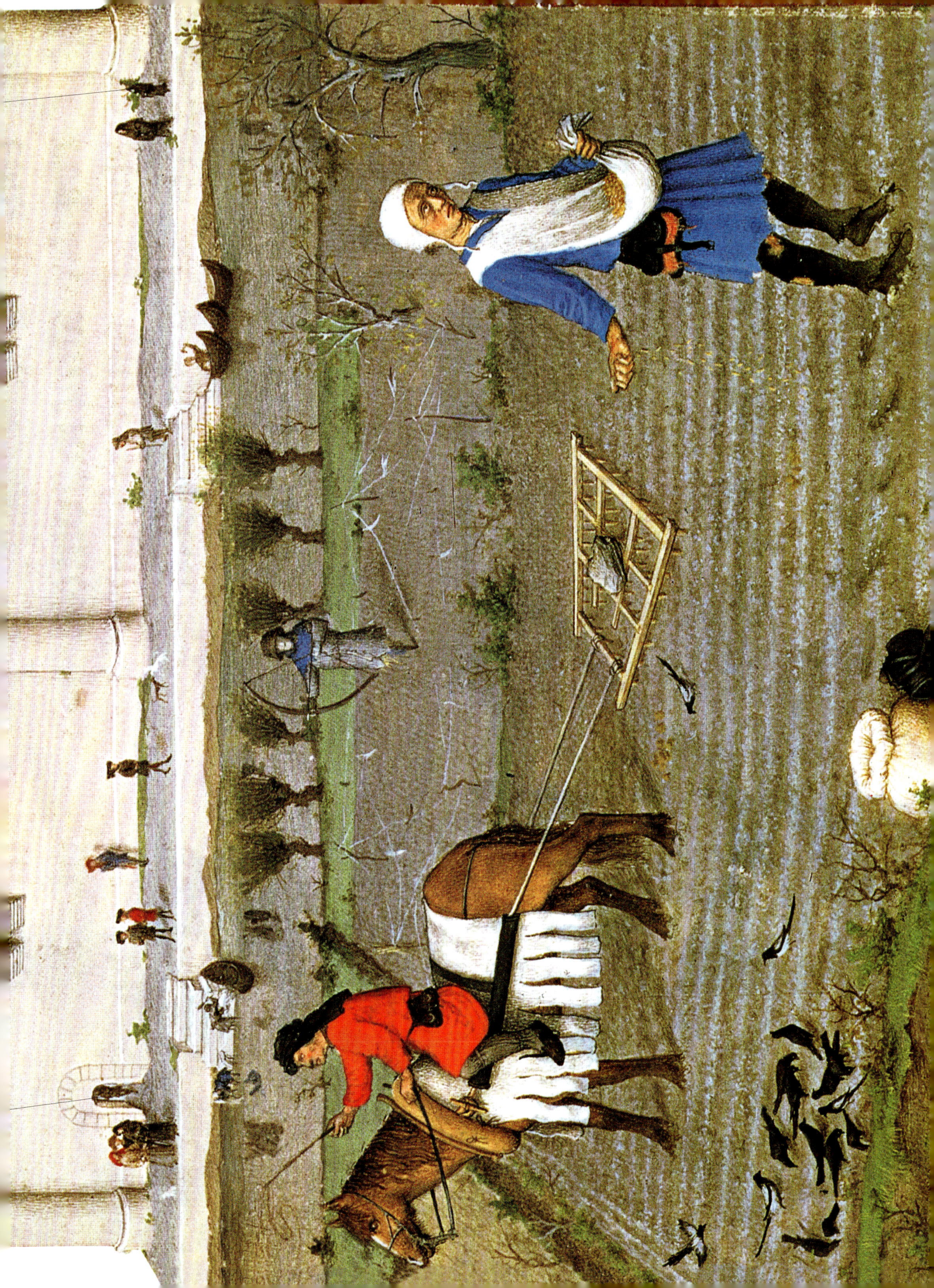

领主和他的家人

不到两个星期，城堡看起来又像过去一样了。工人们运走了被焚烧的木板碎块，坍塌的石头、瓦砾，还有敌人攻城时发射进来的投掷物。城堡的大门和塔楼正在维修，地里种上了新苗。马夫和小侍从把领主的私人房间打扫得干干净净。幸运的是，领主随身带走了他最贵重的东西，并且其他物品也被藏了起来。现在，这些东西又被摆回了领主的起居室——典雅的床、华丽的壁毯和亮闪闪的银器。当一切收拾妥当后，领主全家和他们的贴身侍从搬了进去。没有了盔甲的撞击声和士兵的厮杀声，取而代之的是农民耕作的声音和儿童嬉戏的声音。

浪漫的爱情

许多中世纪的诗描述了浪漫的爱情。这幅插图选自法国《玫瑰的浪漫》一书。画中描绘了这样一个情景——在一个有围墙的漂亮花园中，一位吟游诗人在给他的情人唱着情歌。

上午课

每天上午，领主的孩子都跟着牧师上课。牧师是城堡中受过最好教育的人，他教孩子们读写，并教他们用心背诵祈祷文及《圣经》中的片段。此外，男孩还学习箭术和骑马，女孩则学习缝纫和刺绣。

头 饰

领主夫人的头饰是做在一个金属框架上的。

领主夫人的衣服

领主夫人里面穿一件紧身长裙，外面是一件华美的长袍。

华丽的服装

领主在亚麻衬衣的外面穿着一件色彩鲜艳的宽袖天鹅绒束腰短上衣。

流行服饰

他下身穿着毛料紧身裤，脚上穿着流行的皮鞋，又长又尖。

领主夫妇

领主夫人在年仅14岁时就嫁给了领主。其实，许多贵族女子出嫁时甚至更年轻。领主夫人给了她的丈夫一笔钱作为嫁妆，作为回报，她得到了丈夫全部财产的三分之一。当领主因事外出、打猎或打仗时，她会负责管理城堡。如果此时城堡遭到攻击，她还会指挥防卫。

一幅15世纪的画——领主和他的妻子

审判席

尽管不是在旅途中也不是在作战，但是领主仍然几乎没有空闲时间。每天上午，他都要与治安官和财务长坐在城堡的大厅中会见络绎不绝的佃户。一些人是来交纳租金的，一些人是找他解决纠纷的，还有一些人控告别人犯了罪。

钱 财
财务长掌管着城堡的现金。他负责收取租金，发放士兵工资，安排领主的家庭开支。

士兵将盗贼拖去鞭打。罪犯通常会被立即处罚

官方档案
牧师详细记录所有的账目及领主作出的处罚决定。

雇来的骑士等待领取工资

领主夫人与厨师讨论盛宴的菜谱

年轻的男侍者端饭上菜

注意礼貌
领主的弟弟将儿子送到了城堡当听差。他侍候领主进餐，照料领主夫人，并学习得体优雅的行为举止。

城堡管理
尽管领主喜欢监督城堡的管理，可是许多日常管理工作仍是由管家负责的。管家的工作很重要而且待遇优厚，不过任务也很繁重。他要安排农活，记录城堡账目，以确保财务长知道该支出多少，并安排领主家庭的必要开支。

严厉的处罚
领主对犯人的处罚通常很严厉。这名男子正被拖走，准备受绞刑，他很可能是因为盗窃或暴力行为被判罚。

DK儿童探索百科丛书

城堡的土地

城堡周围的乡村一片荒凉，因为土地和树篱被敌人的部队践踏，树木也被他们砍伐当柴火用了。可是，现在还是夏季，还有时间种植庄稼。这非常重要。如果现在不种植粮食，到了冬天，城堡里的人可能会挨饿。每个村庄周围的耕地都被分为三块。这三块地轮流耕作，一块地闲着，另两块就得种上粮食。土地中有村民自己的一部分。现在他们以最快的速度耕自己那一小块地，然后种上大麦、燕麦、小麦及蔬菜。

照看葡萄树

除去雨季和冬季，农民终年忙个不停。到了冬末，他们要剪掉葡萄树和其他果树上枯死的和有病害的树枝。

播 种

初春时节，农民们在自己的田地里播下谷种。播种的人从套在脖子上的袋子里抓起种子，尽可能均匀地撒在土壤中。

榨葡萄汁

初秋，农民摘下成熟的葡萄，把其中一些制作成葡萄酒。他们踩碎脚下的葡萄，把榨出的葡萄汁收集起来，发酵。

收获蜂蜜

晚夏时节，当这名妇女准备从蜂箱内取出蜂巢时，蜜蜂嗡嗡地叫个不停。14世纪，蜂蜜是一种很受欢迎的烹饪原料，用上它食物就变得更甜更香；储存食物也可以用蜂蜜。当时，食糖还是一种稀有的奢侈品。

牲 畜

由于冬天没有足够的饲料吃，晚秋时许多牲畜要被宰掉。它们的肉被储存起来。

科茨沃尔德长毛绵羊

绵羊毛非常贵重。仲夏时，要修剪羊毛，剪下来的羊毛会被卖掉。羊肉也很受欢迎。

巴戈特山羊

山羊在未开垦的荒地里啃草和矮树丛。

战争中的城堡——围攻城堡的故事

知识宝库

- 农民要把税交给牧师，税金是他们收成的十分之一。
- 大多数农民是农奴。这意味着未经领主许可，他们不能离开领主的土地。
- 农民必须在领主的磨坊中碾磨谷物。
- 领主的佃户必须为领主播种、耕作和收割农作物。

割 草

仲夏时节，人们用镰刀割草，并将其晒干。等到草在阳光下晒干变色时，人们就用草叉把这些干草堆成堆。

用草叉把干草拢成堆，并将它们挑上运货马车

带壳的麦粒

这位治安官拿着一个代表他身份的白色手杖

乡村地方长官

这位治安官是由村民选举出来的，负责组织、监督他们干活。治安官要确保大家都为领主尽职尽责，尤其是在秋收农忙季节（如上图所示）。作为报酬，领主会付给他一些钱，有时他与领主一起进餐。

农作物

谷类作物（如小麦和大麦）在去壳之前，先用镰刀收割。牛可以吃留在田地里的庄稼茬。

镰 刀

镰刀用来收割庄稼。

钩 刀

这个工具有很长的刀刃和便利的"喙"。

"喙"

有用的工具

钩刀是用途最广的农用工具之一。它可以用来修剪果树、劈柴，甚至可以在战场上当武器用。

大而弯曲的白色牛角

奶 牛

奶牛有几种用途：提供牛奶，拉犁，拉马车。牛肉是美味佳肴，牛皮可以制成皮革，牛角可以制成汤匙、杯子。

用牛奶制作黄油或奶酪

林中放猪权

农民从橡树上打下橡子来喂猪。当秋天没有别的食物时，橡子和山毛榉坚果可以把猪养肥。领主授予了农民这种权利，叫作"林中放猪权"。

狩猎队

> 如果野猪比你强壮，那么在救援到来之前，你必须设法与它周旋，千万不要放下手中的武器。
>
> ——《狩猎指南》
> 加斯顿·菲奥斯著
> （14世纪末）

鹿苑的大门打开了。猎人们骑着马，跃过壕沟，进入苑子。受到猎人的惊吓，鹿群四散奔逃。猎物的尖叫声和猎犬的吠声响彻天空。鹿惶恐地睁大眼睛，迅速逃窜。它们后面紧跟着猎犬和以领主为首的一群骑马的贵族。步行的仆人涨红了脸，气喘吁吁，远远地落在了后面。狩猎令每个人都很兴奋。和平时期，狩猎给骑士们提供了一个练习骑术的机会。狩猎是每个贵族青年接受教育的一部分。

可怕的猎物

野猪是一种危险的动物，它的体重与两个成年男子相当。捕猎野猪要携带专门的矛，矛头要极为锋利。

放开猎犬

这些猎犬是擅长与野猪扭打的大型犬。

当心

耕地经常被狩猎的马匹践踏。

有些猎犬穿着"外套"，以免被野猪锋利的獠牙伤害

狗童

领主的猎犬需要人精心照料。他雇用狗童来喂狗、遛狗，狗生病时狗童要喂它药，要拔除狗脚掌上的刺，打猎受伤后为狗包扎伤口，等等。这些孩子与狗一起睡在稻草上。

当心野猪

猎犬咬住野猪不放，直到猎人到来将野猪杀死。当野猪冲上来时，猎人手中握着一杆长矛，一端夹在腋下，另一端对着地面，对付野猪的袭击。

可怕的獠牙

遭到野猪牙的袭击可造成重的创伤。

战争中的城堡——围攻城堡的故事

发现猎物
当猎人发现合适的猎物时，会取下猎鹰的头罩将其放飞。

猎 鹰
这只猎鹰戴着头罩，无法看见周围的情况。这样能使它保持安静。

防护皮手套

照看猎鹰
领主甚至在大厅中处理事务时也带着他的猎鹰。为了不让它飞走，领主用长长的细绳将猎鹰系在自己的手指上。

手中的鸟
领主最喜爱的运动是放鹰捕猎。他将猎鹰放在右手腕上，其上戴了一个厚皮手套，保护手腕免被尖利的鹰爪抓伤。在他的指挥下，猎鹰飞出去捕捉野禽，比如野鸡等。

妇女们通常放较小的鸟，如背隼

最凶猛的猎鹰留给领主放飞

隼

猎鹰爪子上的铃铛可以帮助猎人找到它

在灌木丛中搜索
猎人埋伏在灌木丛中。他们把鹿赶进了林间空地。在这儿，猎人展开围捕。

猎犬所得的赏赐
将鹿抓住并杀死后，接下来要去除它的内脏。猎人剖开鹿的肚子，将它的内脏作为奖赏，扔给猎犬吃。然后，猎人将鹿挂在一根杆子上，带回城堡。

猎 鹿
今天，领主和他的猎手们正在追捕一只鹿——这是最好的猎物。猎人通过叫喊和吹号来指挥自己的猎犬。如果猎人偶然发现一只狼，他们会跟踪并杀死它，因为狼常吃掉他们的羊。

领主的狩猎权
领主很小心地维护着自己狩猎的权利，其他任何人私自在他的地盘狩猎都将受到严厉的处罚，甚至可能被绞死。

鹿肉美餐
鹿被捕杀后会成为领主一家的一顿美餐。

猎 弩

用弩狩猎有助于练习箭术。经过装饰的小弩通常用来射杀野兔和野禽。

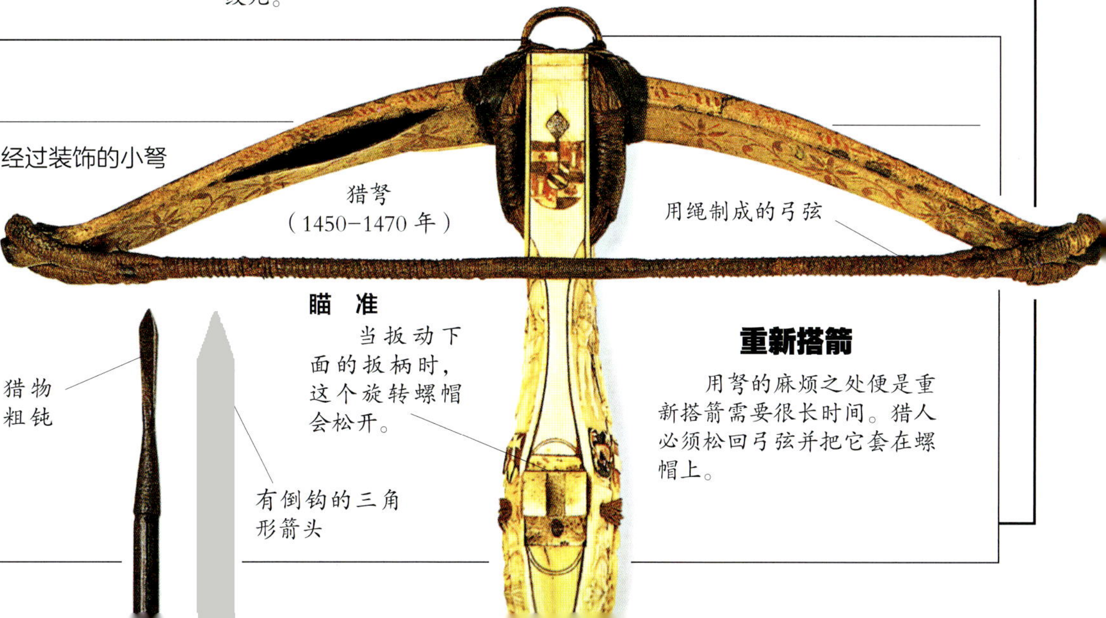

猎弩
（1450-1470年）

用绳制成的弓弦

射 箭
猎手可在马背上发射弩箭，它的准确度很高。

用来将猎物击倒的粗钝箭头

瞄 准
当扳动下面的扳柄时，这个旋转螺帽会松开。

重新搭箭
用弩的麻烦之处便是重新搭箭需要很长时间。猎人必须松回弓弦并把它套在螺帽上。

有倒钩的三角形箭头

DK儿童探索百科丛书

家庭盛宴

整个上午，香味从城堡中不断飘出。仆人把大厅收拾好，为庆功宴作准备。他们支起长长的餐桌，摆上餐刀、木碗、汤匙和杯子。在领主所在的贵宾席上，汤匙和杯子是银制的。当一切准备就绪后，小号声把就餐者召集到大厅。他们迅速就坐——最重要的人坐在离贵宾席最近的地方。饭前祷告完毕后，仆人端来热气腾腾的菜肴。当宴席开始时，整个大厅充满了闲聊声和欢笑声。

烤肉
一名帮厨在炉火前翻转烤肉叉上的野猪肉，使它烘烤均匀。

厨房
肉要在烤肉叉上烘烤或者在炉火上的铁锅中炖熟。厨房中还有烤制面包的烤炉。帮厨在中间的桌子上准备要烹调的各种食材。

面包盘
有些肉菜通常盛在不新鲜的厚面包片上，而不是单独盛在盘子中。这是给穷人吃的。

用餐礼节
用餐过程中讲究礼节得体。用餐经常是大家共同享用菜肴，因此大家必须擦洗自己的手和汤匙。随便打嗝、狼吞虎咽、把胳膊肘放在桌子上或将肉放入盛盐的碟子中蘸盐，这些行为都是不礼貌的。

酒壶不断地被灌满酒

管弦乐队

为宴会助兴的管弦乐队演奏的乐器有六弦提琴（一种早期的小提琴）、喇叭和一种早期的木制双簧管，乐手用这些乐器演奏出嘹亮的乐声。

鼓手敲鼓伴奏

小天鹅、油炸鲽鱼、鲆鱼杏仁糊、鹞、油酥点心、牛奶、麦粥、糖水梨、一道老鹰形状的甜品

——亨利四世婚宴菜单（1403年）

刀 叉

餐叉在14世纪时很少见。人们用汤匙舀汤，用餐刀切面包和肉。通常，小片食物可以用手抓着吃，用来蘸汤的面包也可以用手拿着吃。

刻有所有者姓名的餐刀

银 匙

非常富有的人才能使用银匙。一般的汤匙是用铁、动物的角或木头制成的。

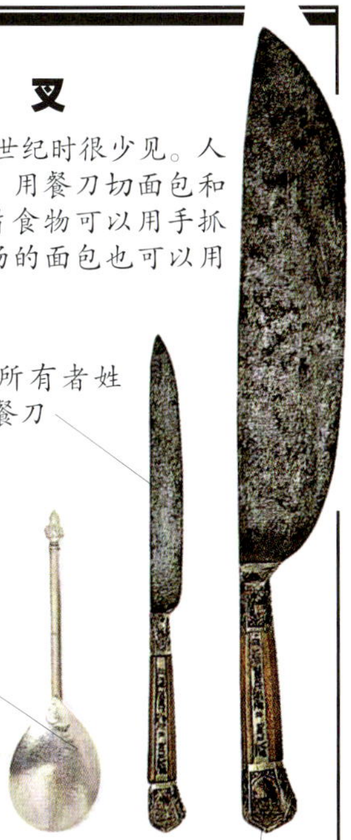

13世纪晚期的切肉刀

宴会上的表演

一些乐师演奏乐器，为贵宾席上的客人助兴，表演节目的还有魔术师、杂技演员和小丑。骑士也在诗琴的伴奏下吟唱情歌。

小丑在表演，为客人助兴

在贵宾席上，客人们有自己的盘子

锡盘中的食物

管家注视着客人

好看的食物

富人喜欢他们的食物做得尽可能好看。例如，野鸡或孔雀被插上羽毛才端上餐桌，天鹅被黄金色的叶子覆盖着。（编者注：当然，这只是当时那个时代的菜单，现在孔雀、天鹅等动物已成为保护动物，不能作为食材。）

狗咀嚼骨头和剩饭

领主的食物放在他的金盘中

贵宾席

领主由年轻的男侍者侍候进餐。切肉的厨师把最好的肉切碎后放在领主的盘子中。其他就餐者则自己夹盘中的菜吃。

凸出的平台

只有贵宾席上才有桌布

安排席位

客人根据他们的身份地位在贵宾席依次就坐。上图中，君主坐在中间，左边坐着主教和一个职位稍低的牧师，右边是贵族。

历史上著名的攻城战

从罗马帝国时代到中世纪末，围攻一直是攻城的重要手段。交战双方通常是势均力敌的——防御一方在厚厚的城墙的保护下拼死抵抗，而攻击一方则封锁城堡或用攻城器械对城堡进行猛烈攻击。可是，现代武器的发展最终使得坚不可摧的城堡成为历史。火炮和导弹能够摧毁最厚的城墙，轰炸机能够在城市的上空自由飞行。

1099年 耶路撒冷

占领了安条克后，十字军冒着酷暑继续向圣城耶路撒冷前进。攻击者在烟幕的掩护下，借助攻城塔冲上了城墙。

1189年至1192年 阿卡

阿卡（今属以色列）地处一块伸入海中的三角地带上。十字军用巨大的投石器发射石弹，并在城墙下挖隧道，企图攻克城池。最终，阿卡城中的居民缴械投降。

1453年 君士坦丁堡

1000多年来，君士坦丁堡一直是一座基督教城市。当时，土耳其苏丹将他的军舰驶进金角湾，从海上展开攻击。同时，他的炮兵部队在陆地上开火。土耳其军队攻下这座城市之后，它变成了一座伊斯兰教城市，更名为伊斯坦布尔。

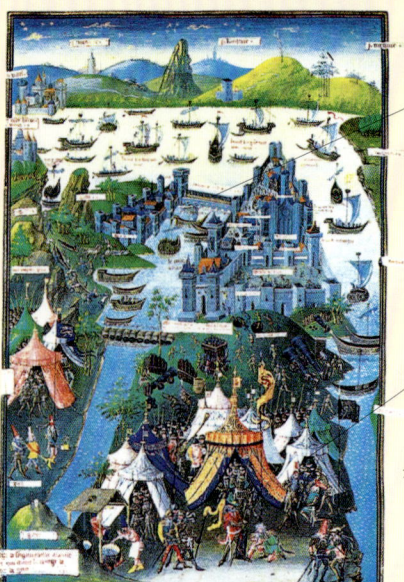

- 金角湾航道的入口被封锁了
- 土耳其苏丹的军队在城外扎营，其规模是守军的20多倍

1097年至1098年 安条克

十字军花费8个月的时间击败了安条克城（今属土耳其）的防御者。这座城市的一侧是山脉，另一侧是沼泽地。十字军向城中抛掷了大约200个土耳其人的头颅。最后，叛变的守卫把围攻者放了进来。经过激烈的战斗后，安条克失陷了。

1429年 奥尔良

入侵的英格兰军队在法国奥尔良城的周围修建了一圈堡垒。骑着白色战马，17岁的圣女贞德率领法国人进行了一连串的反攻，占领了堡垒并最终粉碎了敌人的围攻。

1480年 罗得岛

罗得岛是一个防御坚固的地中海岛屿，由一批基督教骑士把守着。大批的土耳其军队登陆后，士兵们用枪炮和攻城器械轰炸城墙。尽管发动了多次进攻，但土耳其人却始终无法攻破城池，以死伤数百人、士兵逃走而告终。1522年，罗得岛还是被攻陷了，地中海东部的基督教领地彻底丢失。

- 坚固的城墙保护着罗得岛
- 俯瞰着这座城市，土耳其首领们商讨策略

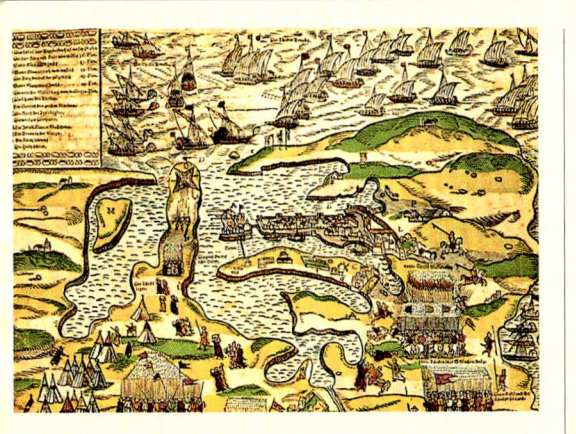

战争中的城堡——围攻城堡的故事

1565年 马耳他

被逐出罗得岛后,这批基督教骑士去了马耳他。然而,另一支强大的土耳其舰队又前来围攻他们的城堡圣埃尔莫。弱小的守备部队顽强抵抗了3个月,这给援军的到达提供了足够的时间。最终,土耳其人撤退了。

1615年 大阪

日本的一个军阀围攻了其对手的城池大阪。由于无法用武力攻下城池,他便劝城内的守军说,如果允许他的士兵填上城堡外的壕沟,他便不战而退。对方勉强同意了。壕沟填好后,军阀率领25万大军杀了过来。他击败了大阪的守军,进入城池,一把火将整个城市烧了。

1854年 塞瓦斯托波尔

俄罗斯主要的海军基地塞瓦斯托波尔曾被英法联军围攻长达12个月之久。疾病、惶惑及冬天的严寒阻碍了攻击者的进攻。可是,最后俄国人还是炸掉了自己的弹药库,弃城而逃。

军队的炮火摧毁了城堡北面的城墙。炸死了许多防御的士兵

在敌军枪炮的射程之外,工人们在石头围墙下挖掘隧道

1864年 亚特兰大

美国内战进行到白热化阶段,谢尔曼将军指挥的联邦军向亚特兰大进攻。他们切断了这座城市的所有供应并炮轰守军南方军队的营地。一个月后,饥饿难耐、疲惫不堪的守军放火烧了城市,弃城逃跑了。

土木工事起到了重要作用

1567年 奇特托奥尔

当印度奇特托奥尔的统治者拒绝承认阿克巴为其君主时,阿克巴便率军攻击奇特托奥尔。这座城市的石头墙被认为是坚不可摧的。阿克巴的军队用大炮发动攻击,同时在城墙下挖了三个暗道。最后,奇特托奥尔的守军打开城门,迎战阿克巴的军队。经过激烈的战斗,奇特托奥尔城失陷了。

1864年围攻亚特兰大

1870年 巴黎

普鲁士人切断了巴黎的粮食供给,每天向巴黎城内发射400多枚炮弹。饥饿不堪的市民被迫以老鼠、猫和狗为食。1871年初,巴黎被攻陷。普鲁士人高奏凯歌行进在巴黎的街道上。

41

城堡是如何建造的

早期的城堡用木材和土建造而成，建造方便快捷且耗资少，有些城堡仅用8天就可以建成。可是，建造一座巨大的石头城堡要历时多年而且耗资巨大。1198年，理查一世在法国修建盖拉德城堡，耗资11 000多法郎。在当时，一名城堡牧师一年的工资约为150法郎，一名骑士年工资约为20法郎。石头、铁和其他建材经常要从很远的地方运来，需要大量的劳动力。

垒墙
石头要么从附近的采石场开采而来，要么用船或运货马车从别的地方运来。一些英格兰城堡用的石头是从法国远道运来的。

工人用滑轮系统把石头运到高处

一推车的石头可以用绳子沿坡道拉上去

工人扛着一筐灰泥爬梯子

中世纪把石头搬运到高处的方法

脚手架
墙越来越高，泥瓦匠只好搭起木头脚手架。这是用绳子捆扎成一体的脚手架。石头和灰浆通过滑轮被运到高处。

地基
无论在哪里，城堡总是建在坚实的岩石地基上。在松软的地面上，工人挖掘壕沟，再用碎石块填上并夯实，然后将墙垒在上面。

采石
采石场的工人通过将铁楔锤入岩层中掘出石头，再把石头凿成可以吊起来的粗糙石块。

起重爪

两腿向外分开

小型起重爪的横截面

起重器械
笨重的大块石头用吊楔吊起。起重爪的爪刚好放入石头顶部被凿出的狭槽。

老板和工人
泥瓦匠工头精于石头建筑，负责所有的建筑业务。他勘查地基、制订计划、订购材料。他还负责雇用工人，像石匠和木工（上图所示），并指导他们怎么干活。

卡菲利城堡大约始建于1268年。这是一座有防御工事的大城堡，其防御工事包括圆柱形塔楼、坚固的城楼和两堵城墙

合适的选址
城堡通常建在战略要地，比如建在可以俯瞰周围乡村的高地上或紧靠河流的山顶上。许多城堡建造者改变天然地形，使城堡易于防守。卡菲利城堡（上图所示）由一条很宽的护城河环绕，这条护城河是由附近的湖泊形成的。

石匠在砌墙

和灰浆
砌墙时要在两块石砖之间抹上灰浆。灰浆是用沙子、石灰和水和成的。其他原料可能包括碎马鬃、稻草、木灰、牛血，甚至鸡蛋。

建筑工具

石匠必须精通多种建造技巧。除砌墙之外，他们还要建造螺旋形的楼梯、堞眼、圆形塔楼和弓箭口。领主也要求城堡内的房子有某种特殊设计，比如雕有图案的壁炉和教堂的扇形拱顶。

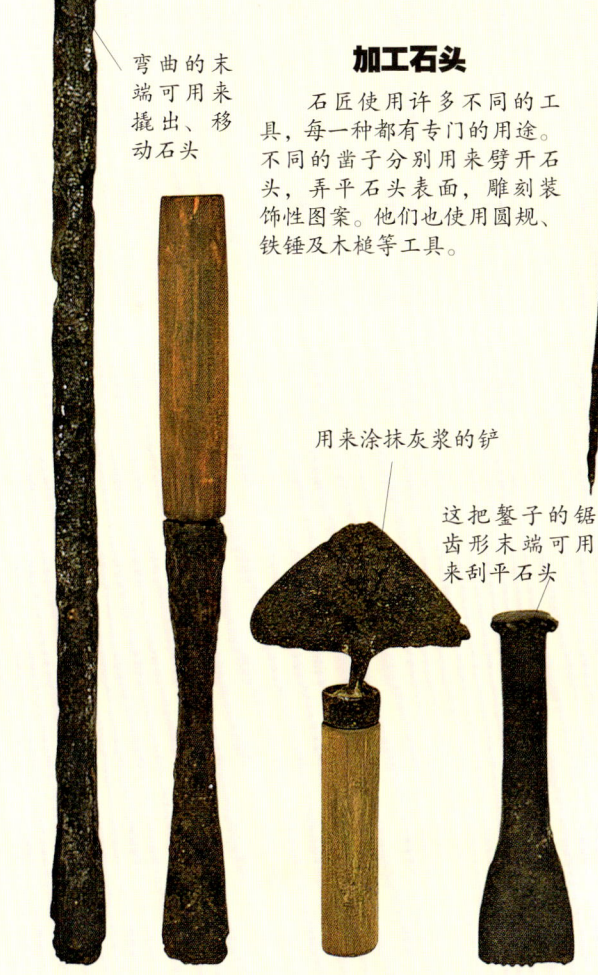

弯曲的末端可用来撬出、移动石头

加工石头

石匠使用许多不同的工具，每一种都有专门的用途。不同的凿子分别用来劈开石头，弄平石头表面，雕刻装饰性图案。他们也使用圆规、铁锤及木槌等工具。

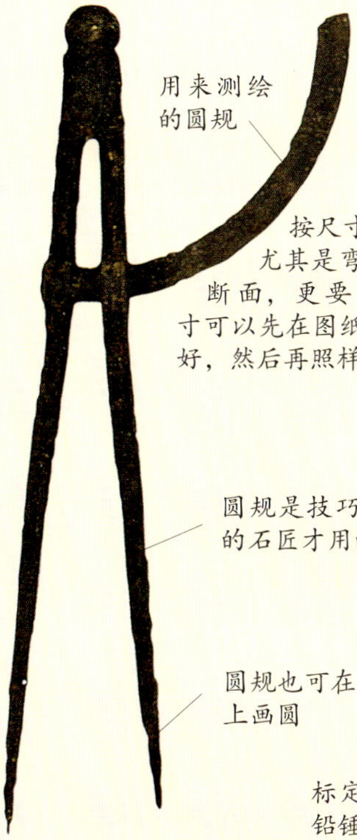

用来测绘的圆规

丈量尺寸

工人必须按尺寸量取石块，尤其是弯曲或复杂的断面，更要测量好。尺寸可以先在图纸或样板上量好，然后再照样取石。

圆规是技巧娴熟的石匠才用的

圆规也可在石头上画圆

用来涂抹灰浆的铲

这把鏊子的锯齿形末端可用来刮平石头

标定垂直线的铅锤

笔直的墙

城堡围墙建成后通常都是绝对垂直的。为检验墙是否绝对垂直，泥瓦匠从墙的顶端吊下铅锤线。

撬棍　凿子　泥刀　鏊子

12 世纪（黄色）
13 世纪（紫色）
约 1300 年（红色）
14 世纪（绿色）

我们的城堡不断变化

本书中描述的城堡是以英格兰赫里福德郡的古德里奇城堡为原型的。它建在一个可以俯瞰河谷的崎岖不平的悬崖上。最初的土木围墙大约在 1150 年被一座石头主楼所取代。围墙和塔楼大约在 1205 年绕着主楼建了起来，里面最新的建筑物是 1300 年左右建造的。

大理石

容易采到的石头，像花岗石、石灰石等，用于城堡的大部分建造。对于较为精细的内部装饰，石匠会使用锯成块的比较贵重的大理石来建造。

切割与雕刻

修建一座城堡需要各行各业的能工巧匠。除了一大批石匠（右图所示）外，还需要将木材加工成梁、地板和顶棚的木匠，锻造铰链和工具的铁匠，安装输水管道的管道工，以及将河流改道成护城河的水利工程师。

未加工的石块用小斧子或锯修整平滑

石匠用大头锤和鏊子将石块雕刻成形

经过细琢和修整的平滑的石头被称为方石。它用于墙的表面及柱子上

石灰在和灰浆之前要先加水，使其熟化

若晴传媒 BRIGHT MEDIA

DK 儿童探索百科丛书

登临世界之巅 — 人类攀登珠穆朗玛峰纪实

探索月球的竞赛 — 人类登月纪实

探索图坦卡蒙的陵墓 — 揭开一位古埃及法老的生死之谜

极地之旅 — 人类极地探险纪实

权威的百科丛书　严谨的历史视角　生动的故事叙述

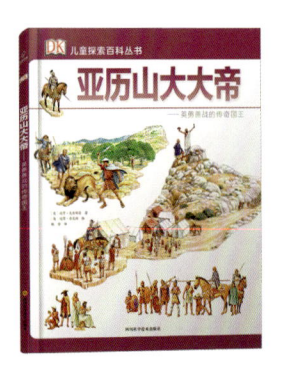

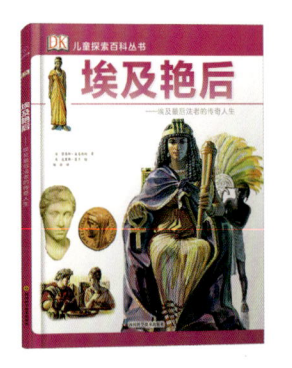

发现新大陆 — 哥伦布的探险历程

亚历山大大帝 — 英勇善战的传奇国王

凯撒大帝 — 古罗马大独裁者的传奇一生

埃及艳后 — 埃及最后法老的传奇人生

细腻的手绘插图　震撼的现场照片　精美的超长拉页
全方位展示一幅幅史诗级的历史画卷

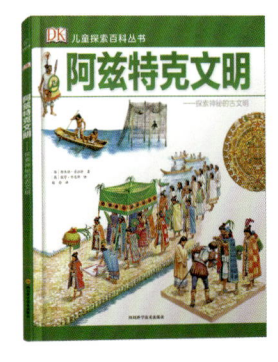

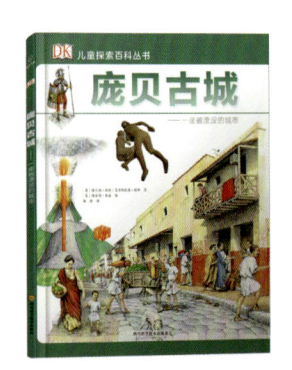

阿兹特克文明 — 探索神秘的古文明

十字军东征 — 矢志抢夺圣地之战

庞贝古城 — 瞬间湮没的城市

战争中的城堡 — 围攻城堡的防御战

北京华联印刷

质检员 2